Andreas Gold

Digital lesen.
Was sonst?

Vandenhoeck & Ruprecht

Mit 7 Abbildungen

Bibliografische Information der Deutschen Nationalbibliothek:
Die Deutsche Nationalbibliothek verzeichnet diese Publikation in der
Deutschen Nationalbibliografie; detaillierte bibliografische Daten sind
im Internet über https://dnb.de abrufbar.

© 2023 Vandenhoeck & Ruprecht, Robert-Bosch-Breite 10, D-37079 Göttingen,
ein Imprint der Brill-Gruppe
(Koninklijke Brill NV, Leiden, Niederlande; Brill USA Inc., Boston MA, USA;
Brill Asia Pte Ltd, Singapore; Brill Deutschland GmbH, Paderborn, Deutschland; Brill Österreich GmbH, Wien, Österreich)
Koninklijke Brill NV umfasst die Imprints Brill, Brill Nijhoff, Brill Hotei,
Brill Schöningh, Brill Fink, Brill mentis, Vandenhoeck & Ruprecht, Böhlau,
V&R unipress und Wageningen Academic.

Alle Rechte vorbehalten. Das Werk und seine Teile sind urheberrechtlich
geschützt. Jede Verwertung in anderen als den gesetzlich zugelassenen Fällen
bedarf der vorherigen schriftlichen Einwilligung des Verlages.

Umschlagabbildung: © nadezhda1906/Adobe Stock
Innenabbildungen: Kapitel 1: © manow/Adobe Stock | Kapitel 2: © Jag_cz/
Adobe Stock | Kapitel 3: © Quintanilla/Shutterstock | Kapitel 4: © leungchopan/
Adobe Stock | Kapitel 5: © nadezhda1906/Adobe Stock | Kapitel 6: © Friends
Stock/Adobe Stock | Kapitel 7: © Tyler Olson/Adobe Stock

Satz: SchwabScantechnik, Göttingen
Druck und Bindung: ⊕ Hubert und Co. BuchPartner, Göttingen
Printed in the EU

Vandenhoeck & Ruprecht Verlage | www.vandenhoeck-ruprecht-verlage.com

ISBN 978-3-525-70334-2

Inhalt

Vorwort 7
Digital lesen. Was sonst? 11

1. Was, wie und wozu wir lesen 23
2. Womit wir lesen 33
3. Digital lesen 0–2: Muss das sein? 47
4. Digital lesen 3–5: Bringt das was? 67
5. Digital lesen 6–17: Wie lernt man das? 83
6. Digital lesen 18+: Was sonst? 121
7. Potenziale, Risiken und Nebenwirkungen 145

Anmerkungen 155
Literatur 163
Register 181

LESEWARNUNG

Sie können dieses Buch auf Papier oder als E-Book lesen. Mit dem E-Book sind Sie schneller fertig, dafür werden Sie vermutlich weniger davon behalten. Woran das liegt und wie man das ändern kann, erfahren Sie in diesem Buch. Ebenso können Sie erfahren, weshalb man mit Kindern unter zwei Jahren besser keine elektronisch animierten Bilderbücher anschauen sollte. Aber auch, dass das Lesen auf digitalen Endgeräten fantastische Möglichkeiten eröffnet. Und wo das Lesen auf Papier weiterhin seine Berechtigung hat.

Vorwort

»Man kann Äpfel nicht mit Birnen vergleichen«, heißt es in einer deutschen Redewendung. Im Englischen sind es übrigens Orangen, die man mit Äpfeln angeblich nicht vergleichen kann, auch im Spanischen und im Portugiesischen ist das so. Gemeint ist jeweils, dass man vermeintlich Unvergleichliches nicht seriös miteinander vergleichen darf.

In dieser Ausschließlichkeit stimmt das natürlich nicht. Sinnvoll vergleichen kann man gerade, was nicht ohnehin identisch ist. Sonst dürfte man kaum noch etwas vergleichen. Ob Kinder heutzutage mehr oder weniger oft draußen spielen als vor dreißig oder fünfzig Jahren? Einwände gegen solch einen »unfairen« Vergleich finden sich rasch: Heute gibt es doch viel mehr Verkehr! Weniger Spielflächen! Ängstlichere Eltern! Mehr und andere Spielmöglichkeiten zu Hause! Ganztagsunterricht in der Schule! Vergleichen kann man die Spielhäufigkeiten der Kinder trotzdem, man muss nur die unterschiedlichen Rahmenbedingungen eines Vergleichs offenlegen. In Bezug auf die spielenden Kinder bedeutet dies, dass das veränderte Draußen ebenso zu beschreiben wäre wie die veränderten Alternativen zum Draußenspiel. Und die weiteren Umstände, die eine Kindheit heute von einem Aufwachsen vor dreißig oder fünfzig Jahren unterscheiden. Dann lässt sich über die außerhäuslichen Spielhäufigkeiten schon diskutieren.[1]

Ebenso lässt sich sehr wohl vergleichen, ob wir auf digitalen Endgeräten, die ganz anders aussehen als ein Buch oder ein Blatt Papier und die sich auch ganz anders anfühlen, mehr oder weniger, schneller oder langsamer oder schlicht anders lesen als auf bedrucktem Papier. Nicht nur die Lesegewohnheiten lassen sich vergleichen, sondern auch, ob wir mehr oder weniger gut verstehen und behalten, was wir gelesen haben. Worauf man die Unterschiede zurückführt – wenn es denn welche gibt –, das ist eine andere Frage.

In diesem Buch geht es um das digitale Lesen. Der Elefant im Raum stellt folgende Frage: Ist das digitale Lesen schlechter als das Lesen auf dem Papier? Der Vergleich zum Lesen auf Papier ist immer mitgedacht: Was macht das digitale Lesen aus und mit uns? Welche neuartigen Möglichkeiten eröffnet es? Gibt es unerwünschte Nebenwirkungen? Ist es zu ihrem Nutzen oder nachteilig, wenn Kinder früh digitale Endgeräte in die Hand bekommen? Man ahnt es bereits: Die Frage des Elefanten ist unterkomplex, unzulässig schlicht. Auf ein simples »Besser oder schlechter?« wird es jedenfalls keine einfache Antwort geben. Eher ein »Kommt darauf an!«. Denn was das digitale Lesen bewirkt, hängt davon ab, was wir lesen, zu welchem Zweck wir lesen und wie wir lesen. Auch davon, wie alt die Lesenden sind.

Was wir über das digitale Lesen wissen, verdanken wir empirischen Studien, in denen Personen, die Texte auf bedrucktem Papier und auf digitalen Endgeräten gelesen haben, beobachtet oder befragt wurden. Nur in Einzelfällen wird im Detail auf solche Studien eingegangen. Aber für alles, was hier berichtet wird, gibt es empirische Belege. Auf die Quellen wird in den Anmerkungen verwiesen. Sie begründen pädagogische Empfehlungen. Solche Empfehlungen für den Umgang mit digitalen Texten werden für das Vorschul-, Schul- und das Erwachsenenalter gegeben. Für eine rasche Übersicht sind die praktischen Handlungsempfehlungen unter *Was tun?* jeweils am Ende der entsprechenden Kapitel platziert. Zwanzig solcher Empfehlungen gibt es.

Nicht immer sind die Ergebnisse von Forschungsarbeiten leicht interpretierbar und nicht selten widersprechen sie den Resultaten anderer Studien. Kompliziert wird es vor allem dann, wenn nicht nur die beiden Lesemedien (Print oder Bildschirm) unterschiedlich sind, sondern auch weitere Aspekte variieren: Design und Technik der digitalen Endgeräte, Textart, Textschwierigkeit und Textlänge, die Leseanlässe und die Leseziele, das Ausmaß der Vorerfahrung mit dem jeweiligen Lesemedium oder mit dem Textinhalt. Werden in diesem Sinne Äpfel und Birnen noch dazu in einer Metaanalyse zusammengefasst – wie dies in der Wissenschaft oftmals geschieht –, so resultiert zwar am Ende eine globale Aussage über Vor- und Nachteile des digitalen Mediums, inhaltlich ist das aber bestenfalls Obstsalat.[2]

Ich schaue aus lernpsychologischer Sicht auf die Auswirkungen des digitalen Lesens – es gibt auch andere Sichtweisen. Bei der Bewertung von Nachteilen oder Vorzügen digitaler Texte ist weiter zu bedenken: Digitale Endgeräte, elektronische Bücher und Zeitschriften, Hörbücher sowie Lese- und Vorlese-Apps sind auch dort verfügbar, wo gedruckte Bücher wenig verbreitet sind oder gar gemieden werden. Ein Hörbuch oder E-Book lädt sich auch herunter, wer den Gang in die Ausleihe einer Stadtbibliothek scheut. Und in der S-Bahn lesen auch diejenigen – was auch immer – auf ihren Smartphones, die ein Buch oder eine Zeitschrift sonst niemals mit sich führen. Es wäre jedenfalls falsch, allzu kulturpessimistisch auf das digitale Lesen zu schauen. Die neuen Möglichkeiten müssen zunächst einmal in ihrem Wirkungsgrad erkannt werden, bevor das relativierende »Aber« ansetzt. So ermöglicht etwa das Lesen von Hypertexten Formen der interaktiven und nichtlinearen Lektüre, die beim Printlesen gar nicht möglich wären.

Als Leseforscher beschäftigt mich das digitale Lesen seit vielen Jahren. Wie die meisten meiner Kolleginnen und Kollegen lese ich fachwissenschaftliche Texte vornehmlich digital. Aber mit Printmedien bin ich aufgewachsen. Als Wissenschaftler geht es mir um evidenzbasierte Empfehlungen für die digitale Leseförderung und um eine gelingende Lesesozialisation in einer digitalen Welt. Dazu hat die Leseforschung einiges beizutragen. An praktischen Fragen müssen sich die wissenschaftlichen Theorien und empirischen Befunde allerdings bewähren. Zwar ist nichts praktischer als eine gute Theorie, aber die wissenschaftlichen Theorien müssen auch den Weg in die pädagogische Praxis finden. Notwendig ist deshalb ein fortwährender Austausch mit Eltern, Lehrpersonen und mit Studierenden, damit es zu einem besseren Verstehen und zu einer Erweiterung unserer Handlungsmöglichkeiten kommt. Meinen Studierenden in Basel, Berlin und Frankfurt verdanke ich wertvolle Diskussionen und Anregungen beim Schreiben dieses Buches.

Frankfurt am Main, Oktober 2022
Andreas Gold

Digital lesen. Was sonst?

Man mag es begrüßen oder beklagen. Einfach nur feststellen oder die Augen davor verschließen: Mit der allgegenwärtigen Verfügbarkeit digitaler Endgeräte ändern sich unsere Lesegewohnheiten (und die Praktiken des Schreibens übrigens auch). Als digitale Schreibwerkzeuge haben die elektronischen Tastaturen den mechanischen Schreibmaschinen schon lange den Garaus gemacht. Groß aufgeregt hat sich darüber kein Mensch. Eher im Gegenteil. Dass aber das digitale Lesen dem analogen Lesen sein Tod sein könnte, löst vielerorts Verlustängste und Abwehrreflexe aus. Wo ist das Problem? Geht etwas verloren, wenn wir Texte und Bilder auf Bildschirmen betrachten, statt auf bedruckten Papierseiten? Gewinnen wir mit der Digitalisierung nicht vielmehr großartige und weiterführende Möglichkeiten hinzu, die weit über das mit den tradierten Printmedien Mögliche hinausreichen?

Wie man Smartphone, Tablet oder Laptop handhabt, braucht man Kindern nicht groß beizubringen. Auch die Nutzung von Internetdiensten und Webbrowsern, den Umgang mit Apps und den diversen Anwendungsprogrammen erlernen sie wie von selbst. Die dahinterstehende intrinsische Lernmotivation ist in aller Regel konsumorientiert: Mit digitalen Geräten lassen sich Videos und Filme ansehen, Fotos erstellen, bearbeiten und verschicken, Suchmaschinen und Social Media nutzen, E-Mails und Sprachnachrichten versenden. Man kann Spiele spielen und Musik hören. Lesen kann man damit auch. Man muss allerdings auch lesen können, um über Suchmaschinen an die gewünschten Informationen zu gelangen. Dazu später mehr.

■ Basisdaten

Im Jahr 2019 lag die geschätzte tägliche Onlinenutzungsdauer für die 9- bis 11-Jährigen in Deutschland bei etwa anderthalb Stunden, bei den 12- bis 14-Jährigen waren es zweieinhalb und an den Wochenendtagen drei Stunden. Für die 15-Jährigen wird im OECD-Raum von 35 wöchentlichen Internetstunden ausgegangen, was fast der durchschnittlichen Wochenarbeitszeit eines Erwachsenen entspricht. Das Internet nutzen 71 Prozent der 6- bis 13-Jährigen – so die Studie »Kindheit, Internet, Medien« des Medienpädagogischen Forschungsverbunds Südwest. Bei den 12- bis 13-Jährigen sind es 97 Prozent. Im Vordergrund steht der Medienkonsum: digitale Spiele, Filme, Videos, WhatsApp, TikTok, Snapchat, Instagram und Facebook. Pädagogisch inspirierte Lernprogramme gibt es auch.[1]

Der Digitalverband Bitkom berichtet im Sommer 2022 über die Ergebnisse einer repräsentativen Studie mit mehr als 900 Kindern und Jugendlichen zwischen sechs und 18 Jahren. Demnach kommen die 6- bis 9-Jährigen auf durchschnittlich 49 Minuten tägliche Internetnutzung mit Smartphone oder Tablet, die 10- bis 12-Jährigen auf eine Stunde und 27 Minuten und die 13- bis 15-Jährigen auf zwei Stunden und 20 Minuten. Chatten und Videostreaming sind dabei die Hauptaktivitäten. Aber auch »Informationen für die Schule« werden recherchiert, was – so der Verband Bitkom – »die Leistungen in Schule oder Ausbildung verbessert«.[2] Ob das stimmt?

Wo für die Schule digital gelesen oder recherchiert werden muss, geht es meist um das Vorbereiten einer (wiederum digitalen) Präsentation oder um das (digitale) Schreiben von Texten. Vorträge und Hausarbeiten werden unter Zuhilfenahme von Textverarbeitungsprogrammen erstellt. Der Umgang mit solchen Programmen muss gelernt werden, wie man gut präsentiert und wie man im Internet recherchiert ebenso. Erstaunliche 89 Prozent der Eltern von 10- bis 13-Jährigen glauben, dass ihre Kinder wissen, wie sie im Internet Informationen gezielt suchen und finden. Und immerhin 60 Prozent sind der Überzeugung, dass ihr Kind Inhalte im Internet daraufhin einschätzen kann, ob die Informationen vertrauenswürdig und richtig sind – so der Kinder Medien Monitor (KiMMo) 2021.[3] Chapeau! Wer hat es den Kindern beigebracht? Oder haben sie diese Kompetenzen ebenso beiläufig erworben wie die Fertigkeit zum Gebrauch einer Fernbedienung?

■ Schulische Leistungen

Dass mit der zunehmenden Nutzung digitaler Medien nicht nur die Möglichkeiten, sondern auch die Herausforderungen und Risiken größer werden, liegt auf der Hand. Leiden die schulischen Leistungen, wenn es die Kinder und Jugendlichen mit dem (digitalen) Medienkonsum übertreiben? Das ist so einfach nicht gesagt. Beim einen ja, beim anderen nein. Die Dosis spielt natürlich auch eine Rolle. Dass Kinder und Jugendliche mit einem vergleichsweise höheren Medienkonsum die vergleichsweise schlechteren Schulnoten erzielen, beweist noch nichts. Sie unterscheiden sich nämlich auch in einer Reihe anderer (ungünstiger) Merkmale von den Kindern und Jugendlichen mit besseren Schulleistungen. Die Debatte über den Medienkonsum wird hier nicht geführt. Wissenschaftliche Studien sprechen für einen leicht negativen Zusammenhang zwischen intensiver oder gar übersteigerter Smartphone-Nutzung und schulischen Leistungen. Unstrittig ist jedenfalls das Ablenkungspotenzial elektronischer Geräte in Lern- und Leistungssituationen: Die Konzentrationsfähigkeit, die Sorgfalt und das Leistungsvermögen von Studierenden sind selbst dann beeinträchtigt, wenn sie ihr (ausgeschaltetes) Smartphone nur in der Nähe wissen.[4]

Aber wie sieht es aus, wenn digitale Geräte zu Unterrichtszwecken in der Schule genutzt werden? Christine Sälzer hat anhand einer Zusatzauswertung der letzten PISA-Daten aufgezeigt, dass mit einer vermehrten Nutzungsdauer digitaler Geräte für schulische Zwecke keineswegs eine Verbesserung der allgemeinen Lesekompetenz einhergeht.[5] Im Gegenteil: In Deutschland, aber auch in anderen Staaten, waren die Leseleistungen der Jugendlichen umso schlechter, je höher die Nutzungsdauer digitaler Geräte in den betreffenden Schulklassen war. Aus Amerika hat Naomi Baron für Kinder aus der 4. und der 8. Klassenstufe anhand der flächendeckenden Leistungstests mit fast 300.000 Datensätzen ähnlich verstörende Befunde berichtet: Die Lesekompetenz der Kinder war umso schlechter, je häufiger im

Unterricht digitale Endgeräte eingesetzt wurden.[6] Natürlich muss man sich davor hüten, das eine einfach als Folge des anderen zu interpretieren. Denn es kommt darauf an, zu welchem Zweck und mit welchem Geschick die Lehrkräfte die elektronischen Geräte im Unterricht einsetzen. Festzuhalten bleibt aber: Die bloße Nutzung digitaler Medien an Schulen wirkt nicht lernförderlich.

ICT-KOMPETENZEN

Als ICT-Kompetenzen (gelegentlich auch als informationsbezogene Kompetenzen oder als »Computer and Information Literacy«, kurz: CIL) bezeichnet man die notwendigen Fähigkeiten im Umgang mit digitalen Informations- und Kommunikationstechnologien. Dabei geht es nicht nur um technische Fertigkeiten, sondern vor allem um die Fähigkeit (1) zum Suchen von Informationen mithilfe digitaler Medien, (2) zum Präsentieren von Informationen mit digitalen Medien, (3) zum Erkennen, welche Informationen aus dem Internet für eine schulische Aufgabe wichtig sind, sowie (4) zum Beurteilen, ob Informationen aus dem Internet vertrauenswürdig sind.

Seit einiger Zeit werden die ICT-Kompetenzen der 14-Jährigen in Deutschland regelmäßig erfasst – zuletzt im Rahmen von ICILS 2018, der »International Computer and Information Literacy Study«. Höhere ICT-Kompetenzen besitzen demnach jene, die auf eine längere Erfahrung mit digitalen Medien zurückblicken. Mit der (in Deutschland vergleichsweise geringen) Nutzungshäufigkeit digitaler Medien im Schulunterricht haben die ICT-Kompetenzen der Jugendlichen bestenfalls nichts zu tun, eher zeigt sich ein gegenläufiger Effekt. Auch mit der Lesekompetenz von Jugendlichen ist die Nutzungshäufigkeit digitaler Medien in der Schule, wie bereits erwähnt, negativ verknüpft. Im Schulunterricht werden also die notwendigen ICT-Kompetenzen nicht vermittelt und die vorhandenen ICT-Kompetenzen befähigen noch lange nicht zum kompetenten Umgang mit digitalen Texten. Das Präsentieren und die Informationssuche im Internet trauen sich die Jugendlichen – so ihre Selbstauskünfte in ICILS 2018 – zwar noch zu. Nicht aber, darüber zu entscheiden, welche der gefundenen Informationen wichtig und vertrauenswürdig sind.⁷ Das passt nicht ganz zu den oben berichteten Elterneinschätzungen.

Der Widerspruch lässt sich auflösen, wenn man sich klarmacht, dass die Nutzung digitaler Medien allein die dafür notwendigen Kompetenzen nicht mit sich bringt. Die Eingabe von Suchbegriffen, das Aufrufen von Links und das Navigieren durch Webseiten garantieren noch lange nicht, dass die relevanten Informationen gefunden, die teils gegensätzlichen Auskünfte kohärent verknüpft und die Glaubwürdigkeit von Quellen beurteilt werden können. Die Schlussfolgerung liegt nahe, dass es pädagogischer Unterstützung bedarf, damit sich die notwendigen Fähigkeiten im Umgang mit digitalen Texten entwickeln.

Was für das *Informationslesen* gilt, lässt sich auf das *Vergnügungslesen* nicht eins zu eins übertragen. Aber auch für das Lesen von Erzähltexten haben renommierte Leseforscherinnen wie Maryanne Wolf oder Naomi Baron darauf hingewiesen, dass mit der Nutzung digitaler Lesegeräte andere Verhaltens- und Erlebensweisen verbunden sind, als dies beim Lesen auf Papier der Fall ist. In *Digital lesen. Was sonst?* werden wir uns sowohl mit dem Informationslesen wie auch mit dem Lesen zum Vergnügen befassen. Für alle Lebensalter, für unterschiedliche Textarten und Leseanlässe wird die Frage gestellt und beantwortet, welches die notwendigen Kompetenzen im Umgang mit digitalen Texten sind und wie sich der Erwerb solcher Kompetenzen gezielt unterstützen lässt. Ein grundsätzliches Infragestellen des digitalen Lesens ist demnach keine Option. Das heißt nicht, dass mögliche Nachteile und Begrenztheiten unerwähnt bleiben.

Wenn über die Digitalisierung der Bildung bzw. der Bildungseinrichtungen oder gar über eine *Digitale Bildungsrevolution* gesprochen wird, geht es stets auch um das digitale Lesen. Mit dem fünf Milliarden Euro schweren DigitalPakt Schule, wie ihn Bund und Länder im Frühjahr 2019 vereinbart – und später um einen Pandemiezuschlag ergänzt – haben, werden nicht allein die digitalen Infrastrukturen finanziert, sondern auch die digitalisierten Lernmittel und Lernplattformen entwickelt, erworben und verbreitet, die Kinder und Jugendliche nutzen sollen. Umso besser, wenn es dabei mit Blick auf das digitale Lesen evidenzbasiert zugehen würde!

■ Warum dieses Buch?

Dieses Buch wurde verfasst, um eine sachorientierte Positionierung zu einem kontrovers diskutierten Thema zu erleichtern. Digitales Lesen: Chance oder Fluch? Der Untergang des Abendlandes oder der Aufbruch in eine neue Zeit? Die Debatte über das digitale Lesen ist stets in einen Bildungszusammenhang zu stellen. Denn jenseits der Frage, was es bedeutet, wenn Erwachsene ihre Bücher und Zeitungen nicht mehr auf Papier lesen, ist der Bildungsbezug offensichtlich. *Was passiert*, wenn digitale Medien in der Schule zum Lernen oder sogar zum Lesen lernen genutzt werden?

Was passiert, ist dabei keineswegs alarmistisch gemeint. Sondern als Frage an die empirische Forschung, die sich mit dem Einsatz digitaler Medien im Zusammenhang mit dem Textverstehen und mit dem Erwerb von Lesekompetenzen beschäftigt. Und mit den Potenzialen, Wirkungen und Nebenwirkungen des Medieneinsatzes. Dass nicht alle Fragen zu beantworten und dass die Antworten der Wissenschaft nicht als endgültige Gewissheiten zu betrachten sind, versteht sich. Es haben sich aber in den vergangenen zwanzig Jahren belastbare Erkenntnisse herauskristallisiert, die geeignet sind, evidenzbasierte Empfehlungen zum digitalen Lesen auszusprechen und pädagogische Vorgehensweisen zu begründen. Dies soll hier geschehen.

Mehr als 130 Leseforscherinnen und Leseforscher aus ganz Europa haben 2019 in einer gemeinsamen Erklärung, die nach dem norwegischen Ort ihres Treffens »Stavanger Erklärung« genannt wird, auf weiteren dringlichen Forschungsbedarf verwiesen. Viel zu wenig, so die Wissenschaftlerinnen und Wissenschaftler, wüssten wir derzeit über die Auswirkungen der Digitalisierung auf die Lesepraxis im Allgemeinen und über die langfristigen Folgen des allmählichen Ersetzens von Papier und Stift in den Schulen der Primarstufe im Besonderen. Auf der anderen Seite verweisen sie auf die großartigen Chancen, die mit einer höheren Verfügbarkeit und leichteren Zugänglichkeit digitaler Texte einhergingen.

Wer mehr als einen kompakten Überblick haben möchte, mag sich über das Lesen im Allgemeinen in den vorzüglichen Taschenbüchern von Maryanne Wolf (2010) und Stanislas Dehaene (2012) umfassender informieren oder in einer knappen zusammenfassenden Darstellung bei Gold (2018). Eher kritische Bücher zum digitalen Lesen haben Maryanne Wolf (2019) und Naomi Baron (2015, 2021) geschrieben. Maik Philipp (2020) und Gerhard Lauer (2020) widersprechen einer kulturpessimistischen Sichtweise und heben den Mehrwert eines kompetenten Umgangs mit digitalen Dokumenten und die Vielfalt des Lesens hervor. Julie Coiro (2020) hat das Wissenswerte über fast dreißig Jahre Forschung zum digitalen Lesen in einer knappen Übersicht zusammengefasst.

Wie dieses Buch aufgebaut ist

Dieser Einleitung folgen sieben Kapitel. Im ersten wird beschrieben, *was, wie und wozu wir lesen* (▶ Kap. 1). Einen Roman, ein Sachbuch, einen wissenschaftlichen Artikel, einen Brief, eine Textnachricht, eine Fahrplanauskunft oder eine Wegbeschreibung zu lesen, sind unterschiedliche Dinge. Was haben sie gemeinsam? Wir können etwas gründlich lesen, überfliegend oder selektiv. Oft wird das langsame, tiefe und weltvergessene Lesen (Deep Reading) dem oberflächlichen, zweckorientiert informationssuchenden Lesen (Skimming oder Scanning) gegenübergestellt. Im Zuge einer zunehmenden Digitalisierung des Lesens ist die Befürchtung geäußert worden, die Nutzung digitaler Informationsträger könne eine generelle Tendenz zum oberflächlichen Lesen begünstigen und so zu einer Verflachung des Textverstehens beitragen. Damit werden wir uns auseinandersetzen. Mit den unterschiedlichen Leseformen sind meist unterschiedliche Leseziele und -absichten verbunden. Gelesen wird zum Vergnügen bzw. zur Unterhaltung oder um etwas zu lernen. Manchmal ist das gar kein Gegensatz. Kinder lernen lesen, weil sie es wollen – und weil sie lesen können müssen, um zu lernen. Besorgniserregend ist, dass etwa zwanzig Prozent der Kinder und Jugendlichen in Deutschland nicht gut genug lesen können und dass es beträchtliche Disparitäten der Lesekompetenzen mit Blick auf die Geschlechter, die soziale Herkunft und den Zuwanderungsstatus gibt. Hinzu kommt eine erschreckend große Anzahl Erwachsener, die nicht lesen können.

Womit wir lesen, wird im Folgenden behandelt (▶ Kap. 2). Zunächst einmal mit den Augen, denn Lesen ist kognitionspsychologisch betrachtet ein Prozess der visuellen Wahrnehmung (wenn wir die von Louis Braille entwickelte Blindenschrift außer Acht lassen). Weil sprachliche Information nicht nur geschrieben und gelesen, sondern auch gesprochen und gehört werden kann, wird zusätzlich über *Lesen als Hören* zu sprechen sein. Also wird die auditive Wahrnehmung von Texten miteinbezogen: Hörbücher anhören, Bücher und Bilderbücher vorlesen bzw. vorgelesen bekommen. Das trägt der Tatsache Rechnung, dass es für Kinder im Vorschulalter bereits ein reichhaltiges Angebot auditiv angereicherter Bilderbücher gibt und einen etablierten Markt an Hörbüchern für Erwachsene. *Womit wir lesen* meint aber gar nicht in erster Linie das Sinnesorgan der Informationsaufnahme, sondern vor allem das Trägermedium der Information. Hier wird eine grundlegende Unterscheidung eingeführt, die sich durch die nachfolgenden Ausführungen zieht. Wird auf oder mit einem digitalen Endgerät gelesen oder auf bedrucktem Papier? Print oder Screen? Und wenn das Trägermedium ein digitales ist: Wird auf dem Computer, dem Tablet, auf einem speziellen E-Reader oder auf dem Smartphone gelesen? Wird dabei nur visuell oder auch auditiv gelesen? Die Gebrauchseigenschaften des Trägermediums geben vor, welche Arten von Texten dargeboten werden können. Bestimmen sie auch darüber, wie gelesen wird? Einzeltexte können sowohl auf Print- als auch auf Digitalmedien gelesen werden. Auch mehrere (multiple) Texte können sowohl auf bedrucktem Papier als auch auf einem digitalen Endgerät gelesen werden. Während man beim Online-Lesen von Hypertexten allerdings über Verweise (Hyperlinks) direkt zu weiteren Text-, Bild- und Tondokumenten gelangen kann, ist das beim Lesen von Texten auf Printmedien nicht möglich.

Die Kapitel 3 bis 6 orientieren sich am Lebensalter der Lesenden. Wie in der Entwicklungspsychologie üblich, sind die Altersangaben nur als Leitplanken zu verstehen. Groß ist nämlich die Variabilität innerhalb der Altersbereiche. Ganz willkürlich sind die vier Altersbereiche der 0- bis 2-Jährigen, der 3- bis 5-Jährigen, der 6- bis 17-Jährigen sowie der jüngeren und älteren Erwachsenen (18+) allerdings nicht gewählt. In *Digital lesen 0–2* (▶ Kap. 3) geht es um die Frage, ob das Vorlesen und gemeinsame Lesen von Kinderbüchern im Print-Format die literale Sozialisation der Kleinkinder anders prägt als die Verwendung elektronischer Kinderbücher, insbesondere solcher mit einer Vorlesefunktion und mit Animationen. In *Digital lesen 3–5* (▶ Kap. 4) wird diese Frage für das Kindergartenalter erneut gestellt. Zudem geht es um den selbstständigen und zunehmend unbegleiteten Umgang der Kinder mit elektronischen Kinderbüchern sowie mit digitalen Lese- und Lernstiften. Es gibt eine Reihe von Forschungsbefunden darüber, wie sich das digitale Vorlesen auf die sprachliche und spätere schriftsprachliche Entwicklung der Kinder auswirkt. Die provokanten Leitfragen »Muss das sein?« (für die 0- bis 2-Jährigen) sowie »Bringt das was?« (für die 3- bis 5-Jährigen) weisen darauf hin, dass der pädagogische Einsatz digitaler Medien im Vorschulalter nicht nur in der interessierten Öffentlichkeit, sondern auch in der Wissenschaft kontrovers diskutiert wird.

Weniger kontrovers wird im Allgemeinen über den Einsatz der digitalen Lesemedien im Schulalter debattiert. In *Digital lesen 6–17* (▶ Kap. 5) geht es um die Frage, wie sich schulische Lernprozesse durch die Einbindung digitaler Angebote und Lernhilfen optimieren lassen. Großartige Potenziale für den Unterricht bergen digitale Texte und Hypertexte vor allem dann, wenn sie lernwirksam gestaltet sind – und wenn die Kinder und Jugendlichen gelernt haben, mit solchen Formaten umzugehen. Die Schule ist der richtige Ort, um die (digitalen) Lesekompetenzen zu erwerben. Dreht sich bei den 6- bis 10-Jährigen zunächst alles um das *Lesen lernen* und um die Ausbildung von Wortlesefähigkeit, Leseflüssigkeit und Textverstehen, so geht es bald um etwas anderes: *Lesen, um zu lernen* – Lesen als Mittel zum Zweck. Es braucht beim digitalen Lesen kluge Herangehensweisen, um die Möglichkeiten der digitalen Texte nutzen und die besonderen Anforderungen des Bildschirmlesens bewältigen zu können. Was passiert beim Online-Lesen und beim Lesen von Hypertexten? Worauf müssen wir beim Lesen multipler Texte besonders achten?

Aus Jugendlichen werden jüngere und später ältere Erwachsene. *Digital lesen 18+* (▶ Kap. 6) geht uns alle an. Wie lesen wir in der digitalen Welt? Wie verändern sich das Lesepensum und die Lesegewohnheiten von Studierenden? Wie ist das analoge Unterhaltungslesen vom Aufkommen der digitalen Lese- und Höralternativen betroffen? Welche Präferenzen beim Unterhaltungslesen und beim Lesen von Sachtexten gibt es – und wie verändern sie sich? Wer Erfahrungen in allen drei medialen Lesewelten – Print, E-Book und Hörbuch – gemacht hat, kann vergleichen. Um ein Ersetzen des analogen durch das digitale Lesen kann es nicht gehen. So wie es unterschiedliche Leseanlässe und -modalitäten gibt, werden künftig unterschiedliche mediale Darbietungsformen koexistieren, mit ihren je eigenen Vorzügen und Begrenztheiten in Bezug auf diese Anlässe und Modalitäten. Von einer generellen Bildschirmunterlegenheit lässt sich deshalb genauso wenig sprechen wie vom Aussterben des bedruckten Papiers.

Digitale Potenziale, Risiken und Nebenwirkungen werden abschließend resümiert (▶ Kap. 7). Der Spannungsbogen ist weit gesteckt. Sind die digitalen Lesemöglichkeiten großartig oder wenigstens besser als nichts – oder ist nichts gut am digitalen Lesen? Große Chance oder doch nur kleineres oder gar größeres Übel? Festzuhalten bleibt: Digitale Texte sind leichter zugänglich und ihr Bezug ist weniger kostspielig. Bezahlen wir dafür mit einem oberflächlicheren Verstehen? Wichtig ist, dass die besonderen Potenziale der digitalen Optionen klar benannt werden. Für das Online-Lesen multipler Texte sind das etwa die großartigen Recherchemöglichkeiten in die Breite. Im pädagogischen Bereich ist vor allem auf eine leichte Anpassung der digitalen Texte im Hinblick auf unterschiedliche Lernausgangslagen und -bedürfnisse zu verweisen. Allerdings müssen Risiken und Problemfelder des digitalen Lesens ebenso offen angesprochen werden. Eine leichtere Ablenkbarkeit, eine geringere Sorgfalt und ein weniger ernsthaftes Herangehen beim digitalen Lesen sind keine geringen Herausforderungen. Alles Problematiken, die eher im Kopf der Lesenden begründet scheinen als in den inhärenten Eigenschaften der elektronischen Lesemedien und in der digitalen Darbietungsform der Texte. Diese Herausforderungen lassen sich bewältigen. Verantwortungsvoll müssen allerdings Eltern und Lehrpersonen mit den Möglichkeiten der digitalen Texte in Lehr-Lernsituationen umgehen. Das Navigieren, Informationen im Internet finden, das Bewerten und Integrieren dieser Informationen – dies alles muss richtig gelernt werden. Nur dann sind Smartphone, Laptop und Tablet sowie Kindle und Tolino nicht »dem Lesen sein Tod« – sondern eine Fortsetzung des analogen Lesens mit anderen Mitteln. Und eine gelungene Transformation von Tinte und Papier in eine Welt der Flüssigkristalle.

1 Was, wie und wozu wir lesen

Zeitungen, Zeitschriften, Sachbücher, Romane, Nachschlagewerke oder wissenschaftliche Artikel lassen sich auf Papier oder digital lesen. Märchen und andere Geschichten kann man Kleinkindern aus einem Buch vorlesen oder von einem digitalen Endgerät. Für Hörbücher braucht man ein elektronisches Trägermedium, genauso wie für eine Fahrplanauskunft über die DB-App, eine Wegbeschreibung über Google Maps oder um eine Text- oder Bildnachricht auf Social Media zu lesen. Damit die Darlegungen nicht ausufern, wollen wir unter Lesen im Folgenden nur das *Lesen von Texten* verstehen, die mehr als 300 Wörter umfassen. Das entspricht in etwa der Anzahl von Wörtern auf der folgenden Druckseite. Die Texte können auch bebildert sein oder als (digitale) Hypertexte Querverweise oder Schnittstellen zu anderen Texten sowie zu eingebetteten Bild- und Tondokumenten umfassen. Sie können auch »auditiv gelesen«, also als Hörbücher oder über eine integrierte Vorlesefunktion gehört werden. Nicht behandelt werden demnach alle Lesevorgänge, bei denen es um kommunikative Kurz- oder Sprachnachrichten auf dem Smartphone geht oder um E-Mails bzw. um Briefe auf Papier (Korrespondenz), um das Lesen von Formularen, Kontoauszügen, Beipackzetteln, Warnhinweisen oder um das Lesen des Kleingedruckten auf Waren und Produkten.[1] *Was* lesen wir also?

Textarten

Wir lesen Texte. Eine erste Unterscheidung ist die zwischen narrativen Texten (Erzähltexten) und Informationstexten (Sachtexten). Der Buchhandel unterscheidet oftmals zwischen der Belletristik als Unterhaltungsliteratur (Fiction) und den Sach- oder Fachbüchern (Non-Fiction). Das Lesen *erzählender Texte* ist üblicherweise genüsslich konnotiert, jedenfalls unter den Buchliebhaberinnen und -liebhabern des Bildungsbürgertums. Wer einen leichten Zugang zum Lesen und Schreiben nicht gefunden hat, kann damit weniger anfangen. Zumal es auch andere Möglichkeiten der genüsslichen Freizeitgestaltung gibt.

Der letzten PISA-Studie ist zu entnehmen, dass die Hälfte aller Jugendlichen in Deutschland nur noch dann lesen, wenn sie müssen. Ein anspruchsvolles Genuss- oder Vergnügungslesen »schöner Bücher« – aus freien Stücken – zur Erbauung und zur Unterhaltung mag deshalb vielen bereits antiquiert vorkommen, als ein Stück Hochkultur aus den guten alten Zeiten. Spannend ist die Frage, ob und wie die Nutzung digitaler Medien die Rezeption narrativer Texte verändert. Die Entwicklung buchanaloger Lesegeräte wie Kindle, Tolino oder iPad wurde maßgeblich mit Blick auf den Absatzmarkt elektronischer Belletristik veranlasst. Die meisten Forschungsergebnisse deuten darauf hin, dass es zumindest für das Textverstehen keinen großen Unterschied macht, ob ein Erzähltext auf Papier oder auf einem digitalen Endgerät gelesen wird. Elektronische Texte werden allerdings schneller gelesen – und auch rascher wieder vergessen (▶ Kap. 5). Auch kann man sich nicht so gut merken, was wann in einer Geschichte passiert ist.

Am Lesen von Sachtexten kommt niemand vorbei. *Sachtexte* werden gelesen, um sich zu orientieren und um ihnen die gesuchten Informationen zu entnehmen. Das gehört in schulischen Lernumgebungen zum Alltagsgeschäft, in der Wissenschaft ebenso. All dies kann auch digital geschehen. Oft, wenn auch nicht zwingend, sind mit dem Lesen von Sachtexten andere Leseanlässe und -notwendigkeiten verbunden als mit dem Vergnügungslesen. Häufig ist auch der dabei betriebene Aufwand höher. Der Leseanlass beeinflusst, wie wir einen Sachtext lesen. Einen Textabschnitt über die Funktionsweise des Hypothalamus wird man zur Vorbereitung auf eine schulische Prüfung über das zentrale Nervensystem anders lesen als einen vergleichbaren Abschnitt in einem populärwissenschaftlichen Buch über das Gehirn, das man aus Interesse, nicht aber zu Prüfungszwecken studiert. Ein Textinhalt kann wieder vergessen werden, sobald die Information nicht mehr benötigt wird. Spannend ist die Frage, ob und wie das

Lesen digitaler Sachtexte nicht nur unsere Lesegewohnheiten, sondern auch das Verstehen und Behalten von Textinhalten beeinflusst. Einige Forschungsergebnisse deuten auf eine Überlegenheit der Printmedien in Bezug auf das Verstehen und Behalten längerer und komplexer Sachtexte hin. Es gibt Vermutungen darüber, woran das liegen könnte – und eine Reihe von Vorschlägen, wie diesem Nachteil der Bildschirmtexte zu begegnen ist (▸ Kap. 6).

Unter den Sachtexten und im Zusammenhang mit dem Informationslesen ist noch eine weitere Unterscheidung von Bedeutung: Ob es um *Einzeltexte* geht, die in aller Regel linear und fortlaufend als Fließtexte gelesen werden, oder ob es sich um *multiple Texte* sowie um *Hypertexte* beim Online-Lesen handelt. Multiple Texte sind mehrere unterschiedliche Einzeltexte, die zur gleichen Zeit oder unmittelbar nacheinander zu lesen und aufeinander zu beziehen sind. Etwa dann, wenn für eine Hausarbeit oder für ein Referat mehrere Texte zu einer Thematik heranzuziehen sind. Der in Zürich lehrende Lese- und Schreibforscher Maik Philipp hebt die einzigartigen Potenziale der digitalen Medien beim Lesen multipler Texte hervor. Er verweist auch auf die Kompetenzen, die nötig sind, um zu einer Integration von Informationen aus den unterschiedlichen Texten und Quellen zu gelangen. Und auf die notwendigen Fähigkeiten zum Beurteilen der Glaubwürdigkeit und Verlässlichkeit von Quellen.[2]

Neben dem Textgenre gibt es weitere Unterscheidungsmerkmale in Bezug auf die Textart und -gestaltung, so etwa das Format (z. B. Buch oder Zeitung) und die Textlänge. Die Möglichkeit zur nichtlinearen und interaktiven Lektüre gibt es eigentlich nur bei digitalen Online-Texten. Nach dem *Was* nun zum *Wie* des Lesens.

■ Lesearten

Sachtexte und Erzähltexte kann man auf unterschiedliche Art und Weise lesen: gründlich und konzentriert, überfliegend und selektiv. Oft wird das gründliche Lesen mit dem langsamen, tiefen, selbst- und weltvergessenen Lesen gleichgesetzt und mit dem Lesen von Erzähltexten assoziiert. Zwingend ist diese Gleichsetzung eigentlich nicht, denn man kann auch einen Sachtext langsam und gründlich lesen –

so wie man auf der anderen Seite einen Roman nur ganz flüchtig und oberflächlich lesen kann. Entscheidender für den Lesemodus sind wohl eher Lesezweck und -absicht. Sie bestimmen darüber, wie gelesen wird. Vielfach ist die Befürchtung geäußert worden, das Nutzen digitaler Informationsträger könne auch beim Lesen von Erzähltexten die Tendenz zum schnellen, oberflächlichen Lesen begünstigen und so zu einer Verflachung der Rezeption beitragen. Dass sich literarische Texte nicht so gut auf den digitalen Endgeräten lesen lassen, behauptet etwa die Literaturwissenschaftlerin Cornelia Rosebrock. Sie plädiert deshalb für eine Entmischung zweier Lesemodalitäten und Lektürefunktionen und spricht sich für das zweckgebundene Alltagslesen am Bildschirm aus (Netzlektüre) – und für das Lesen auf bedrucktem Papier, wenn es um das tiefe und immersive Lesen literarischer Texte geht.[3] Das Printmedium ermöglicht und erleichtert demzufolge das literarische Lesen ganzer Bücher und das zeitvergessene Eintauchen in die Lektüre. Elektronisch würde hingegen eher »quick and dirty« gelesen. Wir werden sehen, ob das so sein muss.

Ohne auf das Textgenre Bezug zu nehmen, wird häufig zwischen dem nicht unmittelbar zweckorientierten *tiefen Lesen* (Deep Reading) und dem oberflächlichen, zweckorientiert informationsentnehmenden Lesen unterschieden. Für Letzteres werden wiederum unterschiedliche Spielarten genannt, je nachdem, worum es bei der Informationssuche gerade geht. Das *überfliegende Lesen* (Skimming) ist eine probate Strategie für eine erste Orientierung. Das *selektive Lesen* (Scanning) ist hingegen ein gezieltes Suchen nach Fakten, Daten oder Begriffen: auf Beute aus sein! Leicht vorstellbar, dass beim überfliegenden und beim selektiven Lesen von Informationstexten keine Nachteile zu erwarten sind, wenn dies auf digitalen Endgeräten geschieht. Eher wird andersherum ein Schuh draus. Durch das Nutzen elektronischer Suchfunktionen gewinnt das selektive Lesen weiter an Effizienz. Der Mainzer Physikdidaktiker Josef Leisen hat in Bezug auf das Lesen von Hypertexten allerdings die Befürchtung geäußert, dass die multiplen Texte auf den elektronischen Endgeräten vorwiegend überfliegend und selektiv und nicht mehr intensiv gelesen werden: »Zu sehr in die Breite und weniger in die Tiefe.«[4] Ist das der Preis des digitalen Zugewinns? Digital fokussiert zu lesen, muss man offenbar erst lernen. Nun zum *Wozu*.

Leseabsichten

Dass mit den unterschiedlichen Leseformen meist unterschiedliche Leseziele und -absichten verbunden sind, wurde bereits erwähnt. Gelesen wird zum Vergnügen bzw. zur Unterhaltung (*Unterhaltungslesen*) oder um etwas zu lernen bzw. um sich über einen Sachverhalt zu informieren, vor allem in Arbeitszusammenhängen (*Informationslesen*). Trennscharf ist diese Unterscheidung nicht unbedingt. Lesen ist ein höchst individueller Akt, dem aber nicht selten ein Austausch über das Gelesene folgt – eine Anschlusskommunikation. Mehr noch als das Analoglesen kann das digitale Lesen (und Schreiben) von Anfang an kollaborativ angelegt sein. Das ist beispielsweise der Fall, wenn mehrere Personen zur gleichen Zeit an einem Text arbeiten oder ihre Kommentare mit anderen teilen. Das rein kommunikativ motivierte Lesen, also das Lesen und Schreiben auf Social Media, wird im Folgenden, wie bereits erwähnt, allerdings nicht behandelt.

Oftmals – so auch in diesem Buch – werden das Lesen und die Lesekompetenzen in Bildungszusammenhängen betrachtet, vor allem sind damit die Schule und die Universität gemeint. In der Schule wird zunächst einmal lesen gelernt, später wird dort gelesen, um zu lernen. Wenn nicht am Schreibtisch oder auf der Schulbank gelesen wird, lesen wir im Bett oder auf dem Sofa, im Urlaub, in der Bahn, im Flugzeug oder während der Autofahrt (Hörbücher). Manchen bereitet die Vorstellung Unbehagen, sie hätten einmal keinen Lesestoff zur Hand.

Leseverhalten und Lesekompetenz

Über das Onlineportal Statista sind aktuelle Daten zum Buchmarkt und zum Leseverhalten in Deutschland verfügbar.[5] Im Geschäftsjahr 2020 lag der Umsatz im Buchhandel bei gut 7,5 Milliarden Euro (ohne Schul- und Lehrbücher). Davon entfielen etwa 1,1 Milliarden Euro auf E-Books. Das größte Umsatzsegment ist die Belletristik. Es gab mehr als 28 Millionen Buchkäuferinnen und -käufer, darunter vier Millionen, die (auch) ein E-Book gekauft haben. Im Jahr 2021 wurden in Deutschland 273 Millionen Bücher verkauft – es muss also Menschen geben, die mehr als ein Buch gekauft haben. E-Books waren mit einem Durchschnittspreis von 6,63 Euro deutlich günstiger als das gedruckte Buch (14,43 Euro). Kommerziell nahezu genauso lohnend wie Bücher sind übrigens Videospiele (Gaming). Die Videospielbranche meldet für 2021 einen Jahresumsatz von 6,2 Milliarden Euro, allein für die Software. Mit Autos lässt sich allerdings deutlich mehr Geld verdienen als mit Büchern – der Jahresumsatz in der Automobilindustrie liegt bei etwa 400 Milliarden Euro.

Schätzungen zum Leseverhalten beziehen sich meist auf den deutschsprachigen, lesefähigen Teil der Bevölkerung. Bei den über 14-Jährigen geben 12 Prozent an, täglich in einem gedruckten Buch zu lesen, und weitere 34 Prozent lesen wenigstens einmal in der Woche. Aber 44 Prozent lesen nicht einmal jeden Monat – viele von ihnen vermutlich nie. Gelesen wird hauptsächlich zur Unterhaltung – so sagen vier von fünf Befragten. Mehr als 10 Millionen Menschen haben 2021 Bücher auf elektronischen Geräten gelesen – die allermeisten von ihnen lesen auch gedruckte Bücher. Bei der durchschnittlichen täglichen Lesedauer für gedruckte Bücher (immerhin 74 Minuten bei den 12- bis 19-Jährigen) ist zu bedenken, dass sie sich nur auf diejenigen bezieht, die überhaupt lesen. Jeder Fünfte liest nie.

Das Lesen auf dem Bildschirm hat das Lesen gedruckter Bücher nicht verdrängt. Ebenso wenig gibt es Hinweise darauf, dass mit den E-Books in größerem Maße neue Leserschichten erschlossen wurden. Nur fünf Prozent der Befragten nutzen ausschließlich E-Books. Etwa ein Drittel liest Bücher allerdings nur im Printformat. E-Books werden demnach vor allem von denen gelesen, die auch die Printmedien nutzen. Wer ein E-Book kauft, kauft in mehr als zwei Dritteln der Fälle auch Print-Bücher, zeigt also ein hybrides Kaufverhalten.

Dass es mit der Lesekompetenz der 15-Jährigen nicht zum Besten steht, wissen wir aus den regelmäßigen PISA-Erhebungen – die derzeit aktuellen Zahlen aus PISA 2018 wurden im Dezember 2019 veröffentlicht. Etwa 20 Prozent der Jugendlichen in Deutschland können nicht gut genug lesen. Zudem gibt es beträchtliche Disparitäten der Lesekompetenz mit Blick auf die Geschlechter, die soziale Herkunft und den Zuwanderungsstatus. Der ernüchternde Befund gilt für das analoge und das digitale Lesen in gleicher Weise. Ohnehin finden die PISA-Testungen mittlerweile ausschließlich auf digitalen Endgeräten statt – die Testaufgaben müssen also digital gelesen und gelöst werden. Und sowieso entspricht das Anforderungsprofil des kompetenten Lesens, so wie es die PISA-Macher verstehen, seit jeher den für das (digitale) Informationslesen benötigten Fertigkeiten: Informationen lokalisieren, Texte verstehen, bewerten und reflektieren. Unter den PISA-Aufgaben gibt es sowohl solche, die das Lesen einer einzigen Textquelle verlangen, als auch Aufgaben mit multiplen Texten.[6]

Dass es bei den 10-Jährigen nicht viel besser aussieht, wissen wir von den periodischen IGLU-Erhebungen, die letzte stammt aus dem Jahr 2016. Vor allem unter den Jungen, unter den Kindern zugewanderter Eltern sowie unter den Kindern aus sozial benachteiligten Familien sind die besonders Leseschwachen häufiger zu finden. Die Grundschulpädagogin Renate Valtin, frühere Präsidentin der Deutschen Gesellschaft für Lesen und Schreiben, hat im IGLU-Berichtsband zu Recht darauf hingewiesen, dass im internationalen Vergleich in Grundschulen in Deutschland zu wenig gelesen wird und dass die leseschwachen Kinder nicht intensiv genug gefördert werden. Umsichtig und sorgfältig begleitet – so Renate Valtin und Tiziana Mascia in einem Positionspapier des European Literacy Policy Network ELINET –, sollte bereits im Grundschulalter der allmähliche Übergang vom analogen zum digitalen Lesen gebahnt werden.[7]

Nicht unerwähnt bleiben kann die erschreckend große Anzahl Erwachsener, die nicht lesen können. Die an der Universität Hamburg durchgeführte LEO-Studie schätzt den Anteil der gering literalisierten 18- bis 64-Jährigen auf gut 12 Prozent. Das sind mehr als sechs Millionen. Sie können allenfalls einfache Sätze lesen und schreiben. Ein Drittel von ihnen scheitert beim Lesen schon auf der Wortebene. Eltern mit geringeren literalen Kompetenzen lesen ihren Kindern seltener vor und enthalten ihnen damit wichtige Anregungen vor. In Bezug auf die digitalen Praktiken der funktionalen Analphabetinnen und Analphabeten ergibt sich ein differenziertes Bild: Wenn es um die Informationssuche im Internet geht, sind die gering Literalisierten im Nachteil. Wenn es um die Nutzung der kommunikativen Funktionen digitaler Medien geht, nicht unbedingt.[8]

Keine Belege gibt es für die Vermutung, die unzureichenden Lesekompetenzen der 10- oder 15-Jährigen hätten etwas mit den schulischen Praktiken des digitalen Lesens zu tun. Schon allein deshalb nicht, weil sich der Prozentsatz der Leseschwachen seit bald zwanzig Jahren kaum verändert hat – und weil in Schulen in Deutschland ohnehin nur sehr wenig digital gelesen wird. Die PISA-Daten deuten allerdings darauf hin, dass (digitale) Praktiken des Freizeitlesens eine Rolle spielen könnten. Gute Leserinnen und Leser lesen in ihrer Freizeit generell mehr Bücher und Zeitschriften zum Vergnügen – und zwar sowohl im Print- wie im Digitalformat. Je mehr die 15-Jährigen allerdings Bücher im Printformat bevorzugen, desto besser sind auch ihre digitalen Lesekompetenzen. In der computergestützten Testumgebung von PISA 2018 haben sie deutlich besser abgeschnitten als die Nichtleserinnen und Nichtleser. Nichtleserinnen und Nichtleser sind solche, die freiwillig kein Buch oder E-Book in die Hand nehmen. So weit, so erwartet. Es gibt aber eine kleine Gruppe 15-Jähriger, die zum Vergnügungslesen nur digitale Endgeräte verwendet und gar keine Printbücher. In ihren (digitalen) Lesekompetenzen sind diese Jugendlichen ausweislich ihrer PISA-Ergebnisse genauso schlecht wie Nichtleser.[9] Darüber wird noch zu sprechen sein (▶ Kap. 5). Zwischenfazit hier: Gute Analogleserinnen und -leser kommen auch mit digitalen Anforderungen gut zurecht.

2 Womit wir lesen

Gelesen wird *mit den Augen* und – weil wir die Hörbücher in unsere Überlegungen miteinbeziehen – mit den Ohren. Bleiben wir für die Betrachtung der Prozessebene des Lesens vorläufig bei den Augen. Lesen als visuelle Wahrnehmung. Digitales Lesen hat sich als Begriff etabliert – auch im Titel dieses Buches. Dabei ist das digitale Lesen ein missverständlicher Ausdruck und eigentlich eine unsinnige Wortverbindung. Aus neurowissenschaftlicher Perspektive ist jedweder Leseprozess digital, sobald die Reizinformation die Netzhaut des Auges in Richtung Kortex verlassen hat. Korrekt und etwas umständlicher müsste es deshalb eigentlich immer heißen: Lesen auf digitalen Endgeräten oder *Bildschirmlesen*.

Neurobiologie des Lesens

Das geschriebene Wort – ganz gleich, ob es druckschwarz auf einem Blatt Papier oder in dichten Bildpunkten auf dem Display eines mobilen Endgeräts bzw. auf dem Bildschirm eines stationären Computers zu sehen war – ist der Ausgangspunkt des Lesens. Es wird zum optischen Reiz, weil die von den Schriftzeichen reflektierten Lichtimpulse die lichtempfindlichen Rezeptorzellen der Netzhaut im Augeninneren erregen. Die Digitalisierung der visuellen Wahrnehmung beginnt genau hier: Im Bereich der Sehgrube, wo es die besonders lichtempfindlichen Zapfen gibt und wo wir am schärfsten sehen. Jede einzelne Photorezeptorenzelle ist – über zwischengeschaltete Bipolarzellen – mit einer Ganglienzelle verbunden. Jede dieser retinalen Ganglienzellen hat nur eine einzige Aufgabe, für die sie allein zuständig ist, nämlich das Vorhandensein (on) oder das Nichtvorhandensein (off) eines Reizmerkmals in Form einer elektrischen Entladung zu kodieren. Solcherart transformiert und gebündelt verlassen die elektrischen Impulse über den Sehnerv das Auge auf ihrem Weg zum primären visuellen Kortex, der Sehrinde, auf dem Hinterhauptslappen des Gehirns. Dort werden die optischen Reize als Schriftzeichen »erkannt«.

Etwa zwölf Buchstaben können wir auf einen Schlag in der Sehgrube, diesem Netzhautareal der größten Sehschärfe, fokussieren. Die Buchstaben rechts und links davon sehen wir nicht scharf genug, um sie wirklich wahrzunehmen. Deshalb bewegen wir beim Lesen üblicherweise unsere Augen drei bis fünfmal pro Sekunde in sprunghafter Weise, um jeweils den nächsten Bildausschnitt einer geschriebenen Zeile genau auf die Sehgrube zu fokussieren. Die Aufeinanderfolge dieser Augenbewegungen setzt unserer Lesegeschwindigkeit eine natürliche Grenze: Viel mehr als 500 Wörter in der Minute können wir nicht lesen. Deshalb sind auch die populärwissenschaftlichen Verheißungen des Speed Reading wenig seriös.[1]

Jedes einzelne Wort wird etwa 400 bis 500 Millisekunden lang betrachtet. Innerhalb der ersten 100 Millisekunden konzentriert sich die Hirnaktivität auf die Areale der primären Sehrinde, wo die Linien und Kanten der auf die Netzhaut projizierten Wahrnehmungsobjekte – also der Wortbuchstaben – aufgrund ihrer visuellen Merkmale als (Schrift-)Zeichen repräsentiert und erkannt werden. Dann geht es weiter. Buchstabenmuster oder gleich ganze Wörter werden nach etwa 150 Millisekunden im okzipital-temporalen Wortformareal der Großhirnrinde aktiviert – und möglicherweise wird bereits hier eine gesamte Wortform als bekannt identifiziert. Wortbedeutung und -aussprache werden dann assoziativ in anderen Hirnarealen aktiviert. Parallel ist auf der Ebene der Schriftzeichen bereits die »phonologische Route« aktiviert worden, um jene mit den zugehörigen Lauten und die Orthografie eines gesamten Wortes mit seiner Lautgestalt zu verknüpfen. Für vertraute Wörter ist die Verarbeitungszeit besonders kurz. Für andere Wörter kann es weitere 100 bis 350 Millisekunden in Anspruch nehmen, bis die semantischen und phonologischen Prozesse abgeschlossen sind. Weil Lesen aber stets mehr als Worterkennung ist, kommt es nach etwa

200 Millisekunden bereits zum Einbezug syntaktischer und morphologischer Verarbeitungsprozesse, an denen wiederum völlig andere Hirnregionen beteiligt sind. Geübte nutzen nämlich schon bei der Worterkennung den gesamten Satzkontext (Syntax), in dem ein Wort steht. Und sie nutzen zudem ihr Wissen über die Struktur und den Aufbau von Wörtern (Morphologie).

Die von Maryanne Wolf so skizzierte Zeitleiste vereinfacht die Sachverhalte des Wortlesens, weil viele dieser Prozesse in Wirklichkeit nicht linear-seriell, sondern parallel und rekursiv verlaufen.[2] Und weil es neben Vorwärts- auch Rückwärts-Sakkaden gibt. Zur Illustration lesen Sie bitte den folgenden Satz, der 19 Wörter, 103 Buchstaben und zwei Satzzeichen umfasst:

> Dass Berliner andernorts mit Quark oder Creme statt mit einer Konfitüre gefüllt sind, finden die Berliner gar nicht lustig.

Viele werden beim Lesen des 16. Wortes (Berliner) kurz zum zweiten Wort (Berliner) zurückgesprungen sein, um sich der unterschiedlichen Lesarten und Wortbedeutungen zu versichern. Fünf bis acht weitere Fixationen auf den Bereich der Sehgrube des schärfsten Sehens wird es während Ihres Leseprozesses gegeben haben, um die 19 Wörter visuell zu erfassen – also kurze Augenblicke der Fixation, die von kleinen ruckartigen Augenbewegungen, den Sakkaden, ausgelöst wurden. Auch gute Leserinnen und Leser brauchen unterschiedlich lang, um diesen Satz zu lesen. Maryanne Wolf geht bei ihrer Zeitleiste übrigens von einem kompetenten, aber nicht allzu schnellen Leser aus, dessen Lesegeschwindigkeit bei etwa 120 bis 150 Wörtern pro Minute liegt. Unser Lesebeispiel zeigt auf, dass es jenseits der Worterkennung auch Vor- und Weltwissen braucht, um den Inhalt eines Satzes zu verstehen.[3]

In der kognitionspsychologischen Leseforschung werden oftmals sogenannte Eye-Tracker – das sind spezielle Vorrichtungen zur Messung des Blickverhaltens – eingesetzt, um über die Analyse von Blickbewegungen Aufschlüsse über die Entwicklung von Lesefertigkeiten und über Lesestörungen zu erlangen. Es ist naheliegend, dass die Blickbewegungsanalysen auch in den experimentellen Studien zum Lesen digitaler Texte hilfreich sind. Wer mehr über die Neurobiologie des Lesens wissen möchte, mag dazu zusammenfassende Darstellungen oder ein Lehrbuch der Kognitiven Neurowissenschaften heranziehen.[4]

LESEN ALS TEXTVERSTEHEN

Lesen ist natürlich viel mehr als Worterkennung. Wortlesen ist nur der Beginn des Leseprozesses. Die Worterkennung ist zwar notwendig, aber bei Weitem nicht ausreichend, um ganze Sätze oder gar Texte zu verstehen. Manche Wörter überspringen wir beim Textlesen ganz, andere müssen wir dafür länger oder mehrfach betrachten.

Texte enthalten Informationen. Beim Textlesen werden diese Informationen im Geiste verarbeitet – und zwar in mehreren Zyklen. Im Zuge dieser Informationsverarbeitung werden mentale (gedankliche) Repräsentationen des Gelesenen gebildet. Genau das geschieht im Moment, während Sie diesen Textabschnitt lesen. Eine *gedankliche Repräsentation* ist nichts anderes als eine innere Vorstellung von einem wahrgenommenen Objekt. Hier ist der gerade gelesene Satz dieses Objekt. Lesende stellen sich vor, was der Autor damit sagen will. Theoretische Modelle des Textverstehens gehen davon aus, dass es zunächst einmal zu einer wortwörtlichen Repräsentation einer gelesenen Zeile bzw. eines Textabschnittes kommt. Das ist eine sehr *oberflächliche* Repräsentation der Textvorlage. Damit kommt man nicht weit. Auch weil es unser Aufnahmevermögen bei Weitem übersteigen würde, wollte man alle Sätze eines Textes wortwörtlich behalten. Deshalb kommt es parallel zu weiteren Verarbeitungszyklen, die auf *höheren* Repräsentationsebenen zu einem reduktiv-abstrakten Verstehen und Behalten des Gelesenen führen. Dabei werden losgelöst von der wortwörtlichen Textrepräsentation bedeutungshaltige Aussagen extrahiert sowie Satzteile und Sätze logisch zueinander in Beziehung gesetzt. Wissen über Wortbedeutungen und Wissen über den Satzaufbau sind dafür notwendig. So erschließt sich die *Basis* eines Textes. Im Zusammenspiel dieser *textseitig* (bottom-up) vorangetriebenen Konstruktionsprozesse mit den *leserseitig* (top-down) getriebenen Integrationsprozessen wird am Ende ein Textinhalt erschlossen, verstanden und sinnhaft gemacht. Leserseitig heißt: Das inhaltliche Vorwissen, der Leseanlass und das Leseziel nehmen Einfluss darauf, wie ein Text gelesen und verstanden wird. Deshalb ist das Verstehen stets ein höchst subjektiver Prozess. Letzten Endes entsteht auf diese Weise im Kopf der Lesenden eine mentale Repräsentation, die völlig losgelöst ist von der Wortfolge und von dem visuellen Erscheinungsbild der Schriftzeichen, ja selbst von der Wortwahl des Ausgangstextes. Dann lassen sich auch Schlussfolgerungen aus dem Gelesenen ziehen. Text und Leserin bzw. Leser müssen also zusammenwirken, damit es zum Textverstehen kommt![5]

Lesestrategien können bei diesen Verstehensprozessen hilfreich sein. Lesestrategien sind Handlungspläne zum Umgang mit Texten – man kann sie auch als »mentale Werkzeuge« bezeichnen. Vereinfacht gesagt, sind das Vorgehensweisen, die ein Verknüpfen der Textinhalte mit dem bereits vorhandenen Wissen erleichtern sollen. Und es sind Vorgehensweisen, die eine Verdichtung und Vereinfachung der Textvorlage durch eine Umstrukturierung oder Reduktion anstreben. Lesestrategien kann und muss man erlernen.

Das bislang Gesagte gilt für Einzeltexte – ganz gleich, ob sie am Bildschirm oder auf Papier gelesen werden. Für den Umgang mit multiplen Texten tritt die Schwierigkeit hinzu, Kohärenz und Verstehen auch über Textinhalte und -quellen hinweg herzustellen. Wenn sich die Aussagen zweier Texte widersprechen, ist eine solche Integrationsleistung keine einfache Aufgabe. Gegebenenfalls muss man Entscheidungen treffen, um zu einer kohärenten mentalen Repräsentation zu gelangen. Der Umgang mit multiplen Texten ist jedem vertraut, der Recherchen zu einer Thematik betreibt, ganz gleich, ob dies in der analogen oder in der digitalen Welt geschieht. *Multiple digitale Texte* können als Hypertexte allerlei Querverweise auf andere Texte enthalten, die beim Online-Lesen direkt zugänglich sind. Anders als bei analogen Texten kann dies auch Anbindungen bzw. Einbettungen von Video- oder Audiodateien umfassen. Dass das »Lesen« solcher Textdokumente ganz neue Erkenntnismöglichkeiten eröffnet, versteht sich. Dass den multiplen digitalen Texten aber auch ein anderer An- und Aufforderungscharakter innewohnt, versteht sich ebenso. Digital Lesende müssen sich beim Online-Lesen zielsicher durch einzelne Dokumente bewegen, zwischen Dokumenten navigieren, Informationen aus unterschiedlichen Dokumenten wertend miteinander verknüpfen und dabei Widersprüche und Kohärenzen erkennen – und bei alldem die Seriosität der Quellen im Blick behalten. Sie können dabei eigene Lesepfade finden und nutzen. Das erfordert zusätzliche Strategien zu den bereits benannten. Für den Lesevorgang und für das Textverstehen macht es einen Unterschied, ob ein einzelner linearer Fließtext dargeboten wird oder ob es sich um multiple Dokumente handelt. Erst die digitalen Medien ermöglichen interaktive Darbietungsformen sowie individuelle Lesepfade, die dem gedruckten Buch verschlossen bleiben.

▪ INFORMATIONSTRÄGER

Lesen ist visuelle Wahrnehmung. Dass mit den Augen gelesen wird, ist für den Vergleich zwischen Print- und Digitalbüchern erst einmal unerheblich. In beiden Fällen (wie auch beim Hören eines Hörbuchs) ist die Information, die über das bedruckte Papier oder über den Bildschirm vermittelt wird, verbal kodiert. Egal, ob eine Erzählung oder ein Sachtext zu lesen ist – dem geschriebenen und dem gepixelten Wort liegt dasselbe Symbolsystem zugrunde: die Sprache. Genauso ist es auch beim gesprochenen und gehörten Wort. Beim analogen wie beim digitalen Lesen werden die Zeichen der Schriftsprache wahrgenommen, also dekodiert – und die (Sinnes-)Modalität der Informationsaufnahme ist visuell. Beim Zuhören (wenn vorgelesen wird) werden die Laute der gesprochenen Sprache wahrgenommen, also dekodiert – und die (Sinnes-)Modalität der Informationsaufnahme ist auditiv. Beides lässt sich auch kombinieren. Auch die nonverbal kodierten Bilder kann man im Print- oder Digitalmedium »lesen«, also visuell wahrnehmen. Hören kann man Bilder allerdings nicht. Aber die visuell wahrgenommenen Bilder lassen sich (beschreibend) verbalisieren und damit auditiv erfahrbar machen.

Es ist hilfreich, an dieser Stelle kurz innezuhalten: Lesen ist eine höchst ungewöhnliche und ausgesprochen neuartige Form, mit Sprache umzugehen. Gelesen (und geschrieben) wird erst seit wenigen Tausend Jahren und die Dominanz der Schriftkultur reicht gerade einmal einige hundert Jahre zurück. Ob Menschen in 500 Jahren weiterhin so lesen und schreiben, wie wir das heute tun, kann niemand wissen. Gesprochen wird vermutlich seit mehr als 100.000 Jahren. Mündlichkeit ist die natürliche und urwüchsige Form des Sprachgebrauchs. Lesen zu können ist demgegenüber eine vergleichsweise junge kulturelle Errungenschaft, bei der die (auditiv erfahrbare) Mündlichkeit der Sprache in eine (visuell erfahrbare) Schriftlichkeit übertragen wird. Für den Prozess des Lesenlernens ist es zentral, dass die visuell wahrgenommenen schriftlichen Zeichen (Grapheme) regelhaft eine lautsprachliche Entsprechung erfahren (Phoneme). Spiegelbildlich gilt dies für das Schreibenlernen: Die Laute der gesprochenen Sprache werden regelhaft mit den schriftlichen Zeichen verknüpft. Ohne Sprache keine Schriftsprache. Beim lauten Lesen ist das hörbar ersichtlich – das stille Lesen ähnelt einem inneren (subvokalen) Sprechen.

Womit wir lesen, bedeutet auch, *worauf wir lesen:* Auf bzw. von einem bedruckten Papier oder auf bzw. von einem Bildschirm. Das Blatt Papier, auf dem etwas steht, ist ein Behälter bzw. ein *Informationsträger* (ein Medium). Es trägt – bei einem Sachtext wie bei einer Erzählung – die verbal kodierte Information. Es spricht nicht, aber es spricht uns visuell an, indem wir die Schriftzeichen sehen und erkennen. Liest jemand einen Text vor, wird dieser zudem auditiv erfahrbar. Statische Abbildungen kann das Blatt Papier natürlich auch tragen. Der Bildschirm samt dem zugehörigen Gerät, auf dem – ähnlich zum Blatt Papier – eine Seite (oder ein Seitenausschnitt) eines Sach- oder eines Erzähltextes zu sehen ist, ist ebenfalls ein Behälter bzw. Träger einer verbal kodierten Information. Im Unterschied zum Blatt Papier kann das digitale Trägermedium auch andere als verbal kodierte Informationen und andere als statische Bilder beinhalten (tragen). Digitale Medien, die nicht reine Lesegeräte der ersten Generation sind, können komplexere nicht-verbal kodierte Informationen tragen und befördern, insbesondere bewegte Bilder und Töne. Zudem erlauben sie die Darstellung verknüpfter Dokumente (Hypertexte), die nichtlinear gelesen werden können. Das ist die herausragende Besonderheit des digitalen Trägermediums: Innerhalb eines einzigen Mediums können verbale und bildliche, statische und dynamische Informationen dargestellt werden (Multikodalität) – und damit spricht dieses Medium über die visuelle und die auditive Wahrnehmung mehrere Sinneskanäle des Menschen an (Multimodalität).

Es ist wichtig, an dieser Stelle drei Dinge auseinanderzuhalten: den Informationsträger, den Informationsinhalt und den Lesevorgang. Über die unterschiedlichen Textarten verbal kodierter Informationen, also über den *Informationsinhalt*, wurde bereits gesprochen (▶ Kap. 1), ebenso über den *Vorgang des Lesens* aus neurobiologischer und aus kognitionspsychologischer Perspektive. Jetzt geht es um den *Informationsträger*. Das Lesen auf einem digitalen Endgerät und das Lesen gedruckter Bücher haben gemeinsam, dass verbal kodierte Informationen in einem Prozess der visuellen Wahrnehmung rezipiert werden. Auch wenn die Stofflichkeit des zum Einsatz kommenden Trägermediums – Papier oder Bildschirm – sehr unterschiedlich ist: Der Lesevorgang, so wie er oben beschrieben wurde, ist der gleiche. Jedenfalls dann, wenn auf beiden Informationsträgern Texte gleichen Inhalts gelesen werden. Umso erstaunlicher, dass es dennoch zu einer *Bildschirmunterlegenheit* in Bezug auf das Textverstehen und -behalten kommen kann (▶ Kap. 5). Müsste das Trägermedium, also der Behälter, beim Lesen identischer Texte nicht eigentlich egal sein? Oder wird auf den digitalen Endgeräten etwa anders gelesen?

Beide *Trägermedien* unterscheiden sich ganz erheblich in ihren Möglichkeiten, Informationen darzustellen – also in ihrem Angebotscharakter. Entsprechend sind auch die leserseitigen Anforderungen unterschiedlich, falls diese Möglichkeiten realisiert werden. Wo bei den digitalen, auf Bildschirmen angezeigten Texten die zusätzlichen Optionen auditiver oder bildlich-bewegter Kodierungsformen genutzt werden, steigen mit diesen Zusatzangeboten auch die leserseitigen Anforderungen an die Informationsverarbeitung. Ein einfacher Vergleich – Print gegen Screen – ist dann gar nicht mehr möglich, weil es im Printbereich keine Entsprechung zu den angereicherten Digitaltexten gibt. Eher ist der Blick auf den besonderen Anforderungscharakter der digitalen Darbietungen zu richten und auf die zusätzlichen Erfordernisse, die das für die Informationsverarbeitung mit sich bringt. Das Lesen digitaler *multipler Texte* und das Online-Lesen von Hypertexten setzen zusätzliche Kompetenzen voraus, versprechen aber auch zusätzlichen Gewinn. Jedenfalls dann, wenn diese Kompetenzen vorhanden sind. Vor allem damit muss sich die Forschung zum digitalen Lesen befassen.

Ob die Vorteile digitaler multipler Texte ihre möglichen Nachteile übertreffen, wird zu prüfen sein. Auf der anderen Seite gilt: Es sind die neuartigen medialen Optionen, die das Bildschirmlesen legitimieren. Wo das Digitalformat schlicht auf das Abbild einer gedruckten Buchseite reduziert wird – und wo auf beiden Informationsträgern nur die gleichen linearen Fließtexte dargeboten und gelesen werden –, resultiert nur auf den ersten Blick ein fairer Print-Digital-Vergleich. Die Ergebnisse solcher Vergleichsstudien kann man eigentlich knicken, weil sie nichtssagend sind. Denn die besonderen Möglichkeiten des digitalen Trägermediums bleiben völlig unbeachtet. Internetfähige und multimodal nutzbare Lesegeräte, wie etwa ein Tablet oder ein Smartphone, werden weit unter ihren Möglichkeiten genutzt, wenn man sie allein auf die Darbietung digitalisierter Klone der analogen Buchtexte reduziert.

■ Auf Papier lesen

Der etablierte Goldstandard: Lesen heißt, *ein gedrucktes Buch* zu lesen. Dass es bei den Printmedien unterschiedliche Buch- und Papierformate, wie z. B. Hardcover, Paperback, Zeitungen und Zeitschriften, gibt, kann hier außer Acht gelassen werden. Ist das Papierbuchlesen ein Altersphänomen? Zwar kommen für 80 Prozent der über 60-Jährigen E-Books nicht infrage und unter den über 65-Jährigen liegt der Anteil der E-Book-Leserschaft nur bei zwölf Prozent, doch sind es gerade die Älteren, die davon profitieren, dass sie beim Lesen von E-Books Schriftgröße und -art sowie die Kontraste augenfreundlich einstellen können. Dafür kann man gedruckte Bücher anders anfassen und halten, die Seiten umblättern und knicken. In den Umfragen des Onlineportals Statista wird ein »taktiles« Unbehagen in Bezug auf die digitalen Bücher deutlich und dem Druckexemplar der Vorzug gegeben. Drei von vier Befragten halten lieber gedruckte Bücher in der Hand.[6]

Der Anteil von E-Books an den Gesamtumsätzen im deutschen Buchmarkt liegt bei etwa sechs Prozent. Die Druckausgaben sind also überwältigend dominant.[7] Das gilt vor allem für die Belletristik, für Ratgeber und Bildbände sowieso, aber auch für die Kinder- und Jugendbücher. In der Stadtbücherei der Stadt Frankfurt am Main lagen die Aufwendungen für neu angeschaffte E-Books, E-Audios und Hörbücher im Jahr 2021 immerhin bei etwa 14 Prozent des Gesamtetats. Bei den Zeitungen und Zeitschriften hat die Nutzungshäufigkeit der digitalen Angebote das Lesen der Printausgaben deutlich überholt. Was die tägliche Nutzungsdauer angeht, liegen die digitalen Angebote ebenfalls weit vorn. Für die Vereinigten Staaten wird, auf das Jahr 2020 bezogen, für die Printmedien eine durchschnittliche tägliche Nutzungsdauer von neun Minuten genannt – für die Digitalmedien hingegen eine tägliche Nutzungsdauer von 451 Minuten, bewegte Bilder (Filme), die den Großteil der Nutzung ausmachen, allerdings einbegriffen. Auch wenn Sach- und Fachtexte zu Studienzwecken gelesen werden, dominiert mittlerweile die digitale Nutzung. Die Universitätsbibliotheken treiben diese Entwicklung voran, indem sie vornehmlich elektronische Zeitschriften und E-Books vorhalten.

Am Bildschirm lesen

Am Bildschirm lesen (Screen Reading) ist eigentlich eine zutreffendere Bezeichnung als der weitverbreitete Begriff *E-Book lesen*. Das E-Book kennzeichnet ja nur ein bestimmtes Segment dessen, was digital gelesen wird. Für den Buchhandel ist es allerdings das entscheidende Segment, denn das klassische E-Book ist ein belletristisches Buch. Es wird gekauft und zum Vergnügen gelesen. Das digitale Lesen kürzerer Informationstexte sowie das Lesen einzelner oder multipler Dokumente (E-Paper) zu Lern- und Studienzwecken ist aus der kommerziellen Perspektive weniger interessant. Anders ist dies bei den für Tablets und Smartphones meist interaktiv konzipierten Lern- und Leseapplikationen (Apps) für Kinder und Jugendliche, die ebenfalls am Bildschirm genutzt werden. Sie sind multimodal konzipiert, weil sie neben den Text- und Bildelementen zusätzliche Animationen und Audiofunktionen beinhalten und damit mehr als eine Sinnesmodalität ansprechen. Neben frei zugänglichen gibt es dort eine Vielzahl kommerzieller Angebote.

Unter den 16- bis 29-Jährigen gehören 55 Prozent zur Gruppe der gelegentlichen E-Book-Nutzerinnen und -Nutzer. Eine Absage an das gedruckte Buch ist damit nicht verbunden, denn die meisten E-Book-Leserinnen und -Leser lesen hybrid. Als wichtige Argumente für das E-Book-Lesen werden vor allem die unkomplizierten Erwerbsmöglichkeiten genannt: ein Klick – und das Buch ist da! Darüber hinaus die orts- und zeitunabhängige Verfügbarkeit der Lektüre, die Platzersparnis und das gegenüber gedruckten Büchern geringere Gewicht, was vor allem auf Reisen eine Rolle spielt. Wenn es attraktivere Displays (z. B. solche mit Blaulichtfiltern), eine günstigere Preisgestaltung oder gar Gratisangebote gäbe, würden die Befragten noch häufiger E-Books lesen. Für viele gelten E-Books derzeit als zu teuer, wenn man deren deutlich geringere Herstellungs-, Lager- und Vertriebskosten bedenkt. Jährlich etwa zwei Millionen Nutzerinnen und Nutzer melden die öffentlichen Bibliotheken für die Ausleihe von E-Books (Onleihe).

Welche digitalen Endgeräte?

Als Endgerät zum Lesen von E-Books wird von den meisten Erwachsenen ein möglichst buchähnliches Trägermedium bevorzugt. Insgesamt 77 Prozent der Befragten präferieren einen *E-Ink-Reader,* also ein augenfreundliches und weniger ermüdendes Lesegerät auf der Basis elektrophoretischer Tinte. In Deutschland weit verbreitet sind die Kindle-Modelle von Amazon sowie die Modelle der Marke Tolino. Am Desktop-PC (4 %) oder am Laptop (19 %) werden E-Books nur selten gelesen. Smartphone (57 %) und Tablet (46 %) liegen dazwischen. Alle Endgeräte gibt es mit unterschiedlichen Bildschirmgrößen. Für die Nutzung interaktiver Lese-Apps sind die klassischen E-Ink-Reader im Allgemeinen kaum geeignet.

Nicht jedes Lesegerät ist mit jedem E-Book-Format kompatibel. Zum ursprünglich dominanten Datei-Format PDF (Portable Document Format) ist seit langem das Datei-Format EPUB (Electronic Publication) hinzugekommen. Vor allem für Handheld-Geräte ist EPUB die bessere Variante. Auf den meisten E-Book-Readern lassen sich PDF-Dateien lesen, genau wie auf Tablets, Laptops, Desktop-Computern und Smartphones. Die PDF-Dateien sind allerdings starr und wenig funktional. Das flexiblere EPUB-Format ermöglicht ein anspruchsvolleres Layout sowie eine leichtere Einbindung von Animationen und interaktiven Funktionen (Zoom, Audio- und Videodateien, Vorlesefunktion).

■ HÖRBUCH LESEN

In Jahr 2020 gab es in Deutschland geschätzte 26 Millionen Nutzerinnen und Nutzer von Hörbüchern und Podcasts. Für mehr als die Hälfte der Bevölkerung kommt das Hörbuch-Lesen allerdings nicht infrage. Der Umsatzanteil am gesamten Buchmarkt liegt bei knapp zwei Prozent. Gefragte Hörbuchsparten sind die Belletristik sowie Kinder- und Jugendbücher. Entsprechend werden Hörbücher vor allem zur Unterhaltung und/oder zum unterstützten Vorlesen genutzt, und zwar zur Entspannung zu Hause, in öffentlichen Verkehrsmitteln oder im Auto. Erwachsene Hörbuch-Leserinnen und -Leser verbinden das Hören in aller Regel mit einer weiteren Tätigkeit (Laufen, Putzen, Kochen, Bügeln), betreiben also eine Art von *Multitasking*. Als dynamisch wachsendes Segment gelten die kommerziellen Online-Audio-Dienste, wie z. B. Audible oder BookBeat, aber auch die Streaming-Dienste der öffentlichen Bibliotheken.

In Vorlesesituationen im Kleinkindalter sowie als angereicherte und animierte Bilderbücher mit Vorlesefunktion zum »Selbstlesen« im Vorschulalter kommen Hörbücher ebenfalls zunehmend zum Einsatz. Es gibt mittlerweile eine Fülle von Forschungsarbeiten, die sich mit den Vor- und Nachteilen solcher auditiv angereicherten Leseangebote befassen (▶ Kap. 3). Insgesamt ist der Erkenntnisstand zur Lernwirksamkeit von Hörbüchern aber noch recht unvollständig. Für Kinder und Jugendliche mit Leseschwierigkeiten können die Audio-Angebote vorteilhaft sein. Das gilt insbesondere für spezielle Kombinationen aus Audio- und Print-Darbietungen von Texten.[8] Die Kognitive Theorie des Multimedialen Lernens, auf die im weiteren Verlauf noch eingegangen wird, bietet in diesem Zusammenhang eine plausible Erklärung.

3 Digital lesen 0–2: Muss das sein?

Im Folgenden geht es um das Vorlesen und das gemeinsame Lesen von Kinderbüchern – meist Bilderbüchern oder bebilderten Büchern. Bevor wir auf den Print-Screen-Vergleich eingehen, wird die besondere Bedeutung des Vorlesens für die literale Sozialisation im Kleinkindalter herausgestellt. Die Ausführungen sind nicht für die unter 3-Jährigen spezifisch. Sie gelten für das vorschulische Alter insgesamt und selbst noch darüber hinaus.

Familiäre Lesesozialisation

Dass der häuslichen Lernumwelt eine große Bedeutung für die kindliche Entwicklung zukommt, ist bekannt. In Bezug auf die sprachlich-kognitive (und spätere schriftsprachliche) Entwicklung zeichnet sich eine förderliche häusliche Lernumwelt zunächst einmal dadurch aus, dass Eltern mit ihren Kindern sprechen – und zwar von Beginn an. Eltern unterstützen die sprachliche Entwicklung ihrer Kinder, indem sie möglichst viel mit ihnen sprechen. Nicht immer ist dies in ausreichendem Maße der Fall. Einer häufig zitierten Studie zweier amerikanischer Psychologen zufolge, hat ein Mittelschichtkind in seinen ersten Lebensjahren etwa 30 Millionen Wörter mehr gehört als ein Unterschichtkind.[1] Ein größerer Wortschatz der Kinder und eine insgesamt günstigere Entwicklung ihrer sprachlichen Fähigkeiten sind unmittelbare Folge dieses höheren elterlichen Sprachinputs – auch wenn aus dem Input nicht automatisch ein »Intake« resultiert. Die Kehrseite: Mit einem geringeren elterlichen Sprachinput ist für die weniger privilegierten Kinder eine verlangsamte Sprachentwicklung und eine weniger gute Prognose hinsichtlich der späteren Entwicklung ihrer Lesekompetenzen verbunden. Als »frühe Katastrophe« bezeichnen die beiden Autoren diese Diskrepanz.

So bedeutsam der *sprachliche Input* für die Sprachentwicklung der Kinder auch ist: Für die Entwicklung ihrer literalen Kompetenzen braucht es nicht nur die Sprechakte an sich, sondern weitere literale Erfahrungen im familiären Alltag. Eltern (und die älteren Geschwister) modellieren beispielhaft eine Fülle literaler Praktiken – und die Kleinkinder beobachten dies ganz genau. Lange bevor sie selbst Lesen und Schreiben lernen, bemerken Kleinkinder, ob es im Haushalt Bücher und Bilderbücher gibt, ob und wie Bücher, Zeitungen, Rezepte oder Einkaufszettel von Eltern im Beisein der Kinder genutzt werden und wie wichtig der Umgang mit Schrift im Leben überhaupt ist – oder auch nicht. Je höher der Stellenwert des Lesens in einer Familie ist und je sichtbarer die elterlichen Lese- und Schreibgewohnheiten sind, desto leichter werden sich die Kinder damit tun, später selbst Lesen und Schreiben zu lernen.

Eltern erleichtern ihren Kindern den Zugang zur Schriftsprache, indem sie durch ihr eigenes Handeln vermitteln, wozu man das Lesen braucht und wie wichtig ihnen selbst das Lesen (und Schreiben) ist. Indem Eltern viel lesen, wecken sie Interesse und regen zur Nachahmung an. Auch der gemeinsame Besuch einer öffentlichen Bibliothek ist ein Zeichen. Allerdings gibt es in manchen Familien gar keine Bücher und kaum gemeinsame Tischgespräche. In drei von zehn Familien mit Kindern im Vorlesealter wird nicht oder kaum vorgelesen. Vor allem die Väter lesen nur selten vor. Die Vorlesehäufigkeit hängt mit dem Sozialstatus und dem Bildungsniveau der Eltern zusammen. Laut Vorlesemonitor 2022 lesen 52 Prozent der Eltern mit formal geringer Bildung selten oder nie vor (vgl. dazu Anmerkung 6).

In der Familie wird die Lust auf das Lesen geweckt – oder auch nicht. Der Münchner Entwicklungspsychologe Frank Niklas hat zusammengefasst, welche Aspekte der familiären Lernumwelt und welche kulturellen Praktiken, Einstellungen und Erwartungen der Eltern für die Sprachentwicklung und im Hinblick auf den Schriftspracherwerb besonders wichtig sind – und welche Fördermaßnahmen

Erfolg versprechen, um ungünstige häusliche Lernumwelten auszugleichen.² Anregungsreiche häusliche Lernumwelten zeichnen sich demnach durch ein höheres Ausmaß und durch eine höhere Qualität alltäglicher Gespräche aus, durch das gemeinsame Hören und Singen von Liedern sowie durch ein höheres Ausmaß, eine höhere Qualität und einen früheren Beginn des elterlichen Vorlesens.

Als *literale Sozialisation* bezeichnet man ganz allgemein das Hineinwachsen in die Schriftkultur, also in die Praktiken des Lesens und Schreibens. Dieses Hineinwachsen beginnt nicht erst mit dem schulischen Lese- und Schreibunterricht in der ersten Klasse. Vielmehr wird der Schriftspracherwerb, also das Erlernen des Lesens und Schreibens, vorschulisch gebahnt und baut auf den sprachlichen und metasprachlichen Kompetenzen auf, die in den Familien sowie in den Kindergärten und -krippen erworben werden. Oft wird deshalb von den notwendigen *Vorläuferfertigkeiten* des Schriftspracherwerbs gesprochen, worunter neben dem mündlichen Sprachgebrauch und dem Beherrschen des Sprachsystems vor allem ein Gefühl und ein Gehör für die Lautstruktur der gesprochenen Sprache zählen. Dass es Laute sind, die die gesprochene und gehörte Sprache konstituieren, ist eine ganz wesentliche Erkenntnis, die den Weg zur Schriftsprache bereitet.

Der Begriff der *Literalität* wird hier nur in einer von vielen möglichen Bedeutungsformen verwendet – und zwar im Sinne einer kulturellen Praxis von Schriftlichkeit und einer erworbenen Kompetenz der Schriftlichkeit. Als kulturelle Errungenschaft und erworbene Kompetenz tritt sie zur Mündlichkeit von Sprache hinzu. Diese Schriftlichkeit »fällt uns nicht mit der Geburt in den Schoß«, wie es der Linguist Helmuth Feilke treffend konstatiert.³ Im Gegenteil: Die schriftsprachlichen Fertigkeiten müssen systematisch vermittelt und mühsam erworben werden. Als literale Kompetenzen bezeichnet man die Gesamtheit der sprachlichen Fähigkeiten, die zusammen mit weiteren kognitiven, emotionalen und sozialen Fähigkeiten benötigt werden, um Texte lesen und verstehen zu können – und um sich über die Inhalte von Texten mit anderen austauschen zu können. Gebahnt werden diese *literalen Kompetenzen* bereits im Vorschulalter. Die elterlichen Lese- und Vorlesepraktiken spielen dabei eine bedeutsame Rolle.

Vorlesen

Eltern können die literale Kompetenzentwicklung ihrer Kinder stimulieren, indem sie sprachliche und schriftsprachliche Anregungen geben. Für die 0- bis 2-Jährigen bedeutet dies vor allem, dass Eltern ihren Kindern vorlesen und dass sie gemeinsam mit ihren Kindern ein Bilderbuch anschauen.

Die Vorlesehäufigkeit wirkt sich sprachförderlich aus – vor allem im Hinblick auf die Entwicklung des Wortschatzes und des Hörverständnisses der Kinder.[4] Erste Kenntnisse über den Aufbau von Wörtern und Sätzen (Morphologie und Syntax) werden ebenfalls erworben. Zusätzlich unterstützen Reim- und Wortspiele, etwa beim gemeinsamen Bilderbuchlesen oder beim gemeinsamen Singen, die Entwicklung der phonologischen Bewusstheit – des bereits angesprochenen Gefühls für die Lautstruktur einer Sprache. Für den späteren Schriftspracherwerb ist eine solche implizite Förderung vorteilhaft. Im Schulalter haben explizite (formelle) Unterstützungen beim Buchstabenlernen und beim gemeinsamen lauten Lesen ähnlich positive Effekte. Das *Vorlesen,* das gemeinsame Bilderbuchlesen und das Geschichtenerzählen verbessern aber nicht nur die sprachlichen Fähigkeiten. Vorlesen fördert auch die Vorstellungskraft, die Fähigkeit zur Perspektivenübernahme und das Einfühlungsvermögen der Kinder.

Üblicherweise führt das elterliche Vorlesen zu weiteren sprachlichen Interaktionen. Als *dialogisches Vorlesen* wird eine Form des Vorlesens bezeichnet, bei der solche Interaktionen gezielt ausgelöst werden, indem etwa Verständnisfragen eingefügt, Antworten des Kindes wiederholt und erweitert werden und indem zu Vorhersagen über den möglichen Fortgang einer Geschichte angeregt wird. Vor allem dieses dialogische Vorlesen gilt als förderlich im Hinblick auf die Sprachentwicklung der Kinder.

Auch unter sozial-emotionalen Aspekten ist die Vorlesesituation von Bedeutung, bietet sie doch eine Gelegenheit gemeinsamen Erlebens. In der engen sozialen Interaktion mit einer Bezugsperson werden Vertrauen und Verlässlichkeit vermittelt – und erfahren. Weit über den sprachlich-kognitiven Anregungsgehalt hinausgehend, kommt auf diese Weise elterliche Zuwendung und Feinfühligkeit zum Ausdruck. Für die Entwicklung und Festigung einer positiven Eltern-Kind-Beziehung (Bindung) ist das förderlich.

Die entwicklungspsychologisch-psychoanalytisch geprägte Bindungstheorie geht davon aus, dass die frühen Interaktionen und Kommunikationsformen zwischen einer primären Bezugsperson und dem Kind die sozial-emotionale Entwicklung eines Kindes prägen sowie dessen spätere Beziehungsfähigkeit und psychische Gesundheit beeinflussen. Bis hin zur Fähigkeit der intergenerationalen Weitergabe positiv oder negativ geprägter Bindungserfahrungen an die eigenen Kinder. Die spätere Beziehungsfähigkeit im Allgemeinen, aber auch Selbstvertrauen, Respekt und Empathie sowie Offenheit und Aufgeschlossenheit gelten als (Spät-)Folgen einer gelungenen Bindungsentwicklung. Positive Bindungserfahrungen resultieren aus zuverlässig erfahrener Hilfe und Betreuung, wann immer ein Kleinkind solche Unterstützung benötigt. Ganz entscheidend scheint dabei eine absolut verlässliche Verfügbarkeit der Bezugsperson. Anfangs wird es vor allem um die Äußerungen basaler Nöte und um (Nahrungs-)Bedürfnisse der Säuglinge und Kleinkinder gehen. Von Anfang an sind aber die Zuwendungsbedürfnisse auch sozialer Natur. Das Synchronisieren psychischer Zustände, das Teilen von Erfahrungen, aber auch das Teilen der Aufmerksamkeit bewirken als frühe Formen kooperativ-zugewandter Kommunikation eine intensivere Eltern-Kind-Bindung und auf Kindesseite die Entwicklung eines sicheren Bindungsstils oder -typus.

Aus alledem folgt: Das frühe elterliche Vorlesen und das gemeinsame Bilderbuchlesen sind soziale Situationen mit hoher Bindungsrelevanz. Leicht lässt sich so die sprachlich-kognitive Anregung mit einer sozial-emotionalen Entwicklungsförderung verknüpfen. Die gemeinsame Blickrichtung beim Bilderbuchlesen synchronisiert die Wahrnehmungs- und Denkprozesse von Elternteil und Kind und fokussiert die gemeinsame Aufmerksamkeit auf einen Gegenstand. So werden Empfindungen geteilt und gemeinsame Erfahrungen gemacht. Jedenfalls dann, wenn der vorlesende Elternteil verlässlich und regelmäßig zur Verfügung steht.

Der Autor und Pädagoge Arne Ulbricht gibt Anregungen, was und wie Eltern am besten vorlesen.[5] Zwei Lesetechniken hält er für besonders wichtig:

1. die Stimme zu verstellen, um beim Lesen einer Geschichte handelnde Figuren voneinander abgrenzen und um Gefühle ausdrücken zu können, sowie
2. die Lautstärke und die Lesegeschwindigkeit zu variieren, um das Zuhören zu erleichtern.

Mindestens ebenfalls so wichtig ist: Das Vorlesen sollte zum täglichen Ritual werden und die Eltern sollten sich genügend Zeit dafür reservieren!

Kinder lieben das Vorlesen. Mehr als 90 Prozent der 5- bis 10-Jährigen haben im Jahr 2016 in einer repräsentativen Befragung der Stiftung Lesen zu Protokoll gegeben, dass ihnen das Vorgelesen-Bekommen gut gefallen hat – vor allem dann, wenn es täglich oder zumindest einmal wöchentlich erfolgte. Sie erlebten das Vorgelesen-Bekommen als schön, gemütlich und entspannend und als eine besonders intensive und exklusive Zeit der Nähe mit ihren Eltern. Die Vorlesegeschichten, so die Kinder, müssten allerdings spannend und lustig sein. Wenig geschätzt haben sie langweilige und angstmachende Geschichten.

Diese und andere Daten über den Vorlesealltag von Familien in Deutschland verdanken wir den mittlerweile 15 Vorlesestudien der Stiftung Lesen.[6] Vorsichtig geschätzt ist aufgrund dieser Studien davon auszugehen, dass mindestens 14 Prozent der 4- bis 8-Jährigen gar nicht vorgelesen bekommen. In den übrigen Familien variiert die Vorlesehäufigkeit erheblich. Während 26 Prozent aller Eltern täglich und 44 Prozent immerhin mehrmals in der Woche vorlesen, geschieht dies in 16 Prozent der Familien weniger oft. So jedenfalls die – vermutlich beschönigenden – Auskünfte der Eltern in einer repräsentativen Befragung aus dem Jahr 2013. In der Vorlesestudie 2017 wurden erstmals Mütter und Väter von Kindern unter drei Jahren befragt. Dabei hat sich gezeigt, dass zwar die allermeisten Eltern von der Bedeutsamkeit des frühen Vorlesens überzeugt sind, dass viele von ihnen aber dennoch viel zu spät mit dem Vorlesen anfangen. Sie sind unsicher, wann der richtige Zeitpunkt dafür ist. In drei von zehn Familien wird Kindern unter drei Jahren nicht regelmäßig vorgelesen.

Simone Ehmig von der *Stiftung Lesen* hat die Erkenntnisse aus den ersten sechs Vorlesestudien im Hinblick auf das spätere Leseverhalten so zusammengefasst:

1. Das frühe Vorlesen entfaltet protektive Wirksamkeit und lässt den pubertären Knick in der Lesefreude und -motivation sehr viel geringer ausfallen als sonst üblich.
2. Kinder und Jugendliche, denen im Vorschulalter häufiger vorgelesen wurde, erreichen später bessere Schulnoten, und zwar nicht nur im Fach Deutsch.[7]

Der positive Noteneffekt, der sich unabhängig vom elterlichen Bildungsniveau zeigt, ist besonders stark ausgeprägt, wenn täglich vorgelesen wurde. Kausal interpretieren lassen sich die geschilderten Zusammenhänge allerdings nicht, weil es sich nur um rückblickende Befragungen gehandelt hat und nicht etwa um eine längsschnittlich angelegte Untersuchung.

Ohnehin ist das genaue Ausmaß des Vorleseeffekts nicht leicht zu beziffern, weil längsschnittliche Studien rar sind. Überdies ist er vermengt mit anderen bildungsförderlichen Sozialisationsbedingungen, die Kinder genießen, denen viel vorgelesen wird. Denn qualitativ hochwertige Vorlese-Interaktionen finden sich vornehmlich in jenen Familien, die sich durch eine Vielzahl weiterer lese- und lernförderlicher Sozialisationsbedingungen auszeichnen. Eins kommt so zum anderen. Zudem wirkt – wie so oft – das Präventionsparadox: Hat das Schulkind später keine Probleme beim Lesen und Schreiben, dann lässt sich rückblickend trefflich zweifeln, ob das häufige Vorlesen überhaupt dazu beigetragen hat.

Allein ausschlaggebend ist die familiäre Lernumwelt für die sprachliche und schriftsprachliche Kompetenzentwicklung der Kinder natürlich nicht. Einflüsse der Kindertageseinrichtungen, des Freundeskreises und nicht zuletzt die Möglichkeiten und Grenzen, die durch die individuellen Lernvoraussetzungen des Kindes selbst gesteckt sind, kommen hinzu. Außerdem gibt es weitere Determinanten der Kompetenzentwicklung, die unabhängig von den hier beschriebenen oder in Kombination mit diesen auf die sprachliche und schriftsprachliche Entwicklung Einfluss nehmen. Aber schaden kann das Vorlesen jedenfalls nicht.

■ Aus Print-Büchern vorlesen

Der Goldstandard und Titelverteidiger oder doch nur ein Platzhalter, weil es lange keine digitalen Alternativen gab? Für das buchbasierte Vorlesen sind günstige Wirkungen
1. auf die sprachlich-kognitive Entwicklung,
2. auf die sozial-emotionale Entwicklung
3. und auf die Lesemotivation

zu erwarten. Vorlesen ist ein Bestandteil der impliziten (informellen) literalen Sozialisation. Durch das Vorlesen wird *erstens* der Umgang mit Wörtern gelernt und der Aufbau eines Wortschatzes vorangetrieben. Fragen während des Vorlesens zu stellen sowie das Zeigen und Bezeichnen von Objekten beim Bilderbuchlesen verstärken diese Effekte im Sinne des dialogischen Lesens.[8] Maryanne Wolf (2019, S. 169) drückt das so aus: »Jedes Mal, wenn das Kind etwas aus einem Buch hört, es sieht, berührt und riecht, hinterlegt das junge Gehirn Repräsentationen dieser Informationen.« Die Interaktion mit der vorlesenden Person, die physische Nähe und der oftmals intime Charakter der Vorlesesituation werden *zweitens* in aller Regel mit positiven Emotionen verbunden sein und, falls ein Elternteil vorliest, zu einer Festigung der Eltern-Kind-Beziehung beitragen. Verlässliche und regelmäßige Vorlesesituationen sind damit ein Bestandteil dessen, was man in entwicklungs- und tiefenpsychologischen Zusammenhängen mit einer positiven Bindungsentwicklung assoziiert. Wichtiger noch als der Buchinhalt: In der Vorlesesituation ist man zusammen und man macht gemeinsame Erfahrungen. Das ist ein bedeutender Punkt, denn anders als in den expliziten (formellen) Lehr-Lernsituationen, wo gezielt belehrt, gelobt und ggf. auch korrigiert wird, bleiben beim impliziten Lernen während des Vorlesens solche Direktiven im Allgemeinen aus. Die Eltern-Kind-Beziehung wird jedenfalls nicht durch eine Leistungserwartung belastet. Und es wird *drittens* durch das Vorlesen und durch das gemeinsame Lesen von Kinderbüchern Interesse am Lesen geweckt und so ein späteres Leseengagement gebahnt. Wer eine Geschichte vorgelesen bekommt, möchte früher oder später auch selbst lesen können, um nicht länger davon abhängig zu sein, ob die Erwachsenen gerade Zeit zum Vorlesen haben oder nicht.[9]

AUS E-BOOKS VORLESEN

Die Stiftung Lesen, aber auch andere Akteure, die in der (frühen) Leseförderung tätig sind, haben zu Recht darauf hingewiesen, dass sich eine zeitgemäße Leseförderung digitalen Angeboten und Möglichkeiten nicht entziehen kann. Im Gegenteil: Es ist ein Gebot der Stunde, die Digitalisierung des Lesens auch für die Leseförderung zu nutzen.[10] Gilt dies auch für das Vorlesen? Kann das Tablet sogar der bessere Vorleser sein? Ersetzt die Lese-App am Ende die Erwachsenen?

Bei E-Books, die für Kleinkinder Verwendung finden, muss man zwischen den einfachen E-Books (*Basic*) und den multimedial angereicherten E-Books (*Enhanced*) unterscheiden. Die einfachen E-Books entsprechen den bereits erwähnten »digitalen Klonen«, die als PDF oder im EPUB-Format nur genau das replizieren, was auch im gedruckten Buch zu finden ist – also die papierenen Texte und Bilder auf den Bildschirm übertragen. Die multimedial angereicherten E-Books oder Apps beinhalten darüber hinaus hingegen meist eine automatische Vorlesefunktion (Voiceover) – oft gekoppelt mit einer optischen Hervorhebung der Zeile, die gerade (vor)gelesen wird – sowie weitere Animationen (Hotspots), die ihrerseits – wenn sie angeklickt werden – Zusatzreize akustischer oder optischer Art auslösen. Das Auslösen eines Geräuschs, der (korrekten) Sprechweise eines Wortes oder einer Worterklärung sind dabei noch die geringsten Animationen. Nicht selten werden zum großen Vergnügen der Kinder auch komplexere Sound-Effekte ausgelöst, Trickfilme gestartet oder es werden allerlei interaktive Spiele angeboten.

Es sind vornehmlich die mit derlei Add-Ons angereicherten E-Books oder Apps, die uns im Folgenden interessieren, denn die digitalen Klone der Papierbücher sind wenig innovativ und wirken irgendwie gestrig. Kaum anzunehmen, dass jenseits ihrer ortsungebundenen Verfügbarkeit Vorteile damit verbunden sein könnten, wenn ein papierenes Bilderbuch einfach nur auf den Bildschirm übertragen wird. Bis vor wenigen Jahren war die Befundlage für die unter 3-Jährigen noch dürftig, weil sich die meisten Untersuchungen auf Kleinkinder bezogen, die wenigstens drei Jahre alt waren. Solche Untersuchungen werden später referiert (▶ Kap. 4). Mittlerweile gibt es jedoch auch eine Reihe von Studien mit unter 3-Jährigen. Verwendet werden für den Print-Screen-Vergleich meist Bilderbücher, also spezielle Buchformate, in denen eine Geschichte in Form einer Abfolge von Bildern erzählt wird und wo die Bilder üblicherweise die Hauptsache sind und den Text klar dominieren. In der Regel sind es zwischen zwölf und 24 Bilder, in der Druckfassung sind sie oftmals nach dem Doppelseitenprinzip mit den zugehörigen kurzen Sätzen verbunden. In der gedruckten Version ist das Bilderbuch häufig als großformatiges, reißfestes Buch gestaltet. In der elektronischen Fassung werden die Bilderbücher auf Tablet oder Smartphone präsentiert und enthalten meist auditive Anreicherungen.

Am Institut für Lese- und Medienforschung der Stiftung Lesen in Mainz hat man sich seit vielen Jahren mit dem Potenzial der digitalen Vorleseangebote befasst. Dabei ist klar, dass es neben den Lern- auch Ablenkungspotenziale gibt – dass also die nicht inhaltsbezogenen Features eines angereicherten E-Books auch eine Erschwernis für das Textverstehen darstellen können. Genauso klar ist aber auch, welche Lern-, Anreiz- und Motivierungsmöglichkeiten in klug gestalteten Apps und angereicherten E-Books stecken können. Große Hoffnungen macht man sich überdies, dass es durch die digitalen Tools gelingen möge, insbesondere die Väter, aber auch die bildungsfernen Eltern insgesamt, mehr in die frühkindliche Lesesozialisation ihrer Kinder einzubinden. Das Argument ist hier: Gedruckte Bücher gibt es in solchen Elternhäusern zwar keine, aber digitale Endgeräte, die sich zum (Vor-)Lesen nutzen ließen, sind vorhanden. Ob das gelingt, muss sich zeigen.

Wie eine jüngst in Kanada durchgeführte Studie zeigt, können bereits 2-Jährige gut genug mit einem Tablet (Apple iPad 3) und einer darauf installierten Lese-App umgehen – wenn auch nicht ganz so kompetent wie 3-Jährige.[11] Der Inhalt einer bebilderten Tiergeschichte (18 Seiten, knapp 400 Wörter) wurde in der elektronischen Darbietung sogar besser verstanden und behalten als in der Papierversion. Die interaktiven Features waren jeweils durch Berührungen (Touch) auszulösen. Dass die auf die Geschichte bezogene Aufmerksamkeit während des Lesens gleichbleibend hoch war und dass es nicht zu unerwünschten Abschweifungen kam, wurde nicht zuletzt durch die aufmerksamkeitsleitende Anwesenheit eines Elternteils gewährleistet. In Abwesenheit der Eltern – so zeigen es jedenfalls andere Studien – kann das ganz anders aussehen.[12] Was bei der kanadischen Studie nebenbei auch herauskam: Fast 90 Prozent der 2- bis 3-jährigen Akademikerkinder verfügten bereits vorab über Spielerfahrungen mit einem Tablet.

Positive Effekte wie die gerade geschilderten sind aber nur zu erwarten, wenn die Animationen nicht von den Inhalten der Geschichten wegführen und wenn die multimedialen Anreicherungen maßvoll sind und nicht übermäßig viel der begrenzten Verarbeitungskapazitäten der Kinder verschlingen. Dafür gibt es eine plausible Erklärung, die auf der Kognitiven Theorie des Multimedialen Lernens (CTML) und auf der Theorie der Kognitiven Belastung (CL) beruht. Darauf wird später eingegangen (▶ Kap. 4). Festzuhalten bleibt, dass es ganz entscheidend auf die konkrete Ausgestaltung der multimedialen Funktionen ankommt, ob ein angereichertes Bilderbuch lernförderlich sein kann oder nicht.

Wie so oft liegen Verheißungen und Gefahren nahe beieinander. Wann wiegt der Vorteil einer multimedialen Unterstützung durch Hotspots und Vorlesefunktion den möglichen Nachteil ablenkender Spielereien auf? Welche Aufmerksamkeit und welche kognitiven Ressourcen verschlingt die Bedienung der elektronischen Geräte selbst? Dabei liegt es nicht an der Hard- und Software an sich, sondern vor allem daran, was die Geräte bzw. die Applikationen in den Köpfen auslösen. Bleiben wir zunächst beim begleiteten Bildschirmlesen, der digitalen Entsprechung des gemeinsamen Bilderbuchlesens im Printformat. Die Ergebnisse einiger Studien sprechen dafür, dass sich die Eltern-Kind-Interaktionen beim gemeinsamen E-Book-Lesen nicht mehr nur auf die Textinhalte, sondern vermehrt auf die Aspekte der Technologie bzw. des Gebrauchs dieser Technologie beziehen – zu Lasten von Geschichtenverständnis und Wortschatzerwerb.[13] In einer dieser Studien wurden 37 dyadische Eltern-Kind-Interaktionen 2- bis 3-Jähriger aufgezeichnet, wenn entweder aus einem Bilderbuch im Printformat, aus einem Basic E-Book oder aus einem Enhanced E-Book, also aus einer Darbietung mit Animationen, vorgelesen wurde. Die registrierten Interaktionen wurden entweder als dialogisch, als textbezogen, als technikbezogen oder als abschweifend kodiert. Die Befundlage war recht eindeutig: Das Printformat löste in höherem Maße die erwünschten dialogisch-inhaltsbezogenen kindlichen Äußerungen aus und beim Verwenden eines angereicherten E-Books kam es vermehrt zu formatbezogenen technischen Interaktionen. Die Forderung und Empfehlung der Autorinnen: Bei der Entwicklung und Verwendung von E-Books für Kleinkinder sollte man die technologischen Anteile minimieren und irrelevante audiovisuelle Anreicherungen möglichst vermeiden.

In einer schwedischen Studie mit 2-Jährigen hat sich gezeigt, dass beim gemeinsamen Bildschirmlesen die Sprechanteile der Kinder zurückgehen und die Action-Anteile zunehmen. Mit Action-Anteilen sind konkrete Handlungen der Kinder gemeint, wie das Klicken, Drücken oder Wischen auf Bildschirm oder Tastatur. Die Interaktionsdynamiken ändern sich also, wenn interaktive Touchscreens eingesetzt werden. Das heißt nicht notwendigerweise, dass nun weniger interagiert würde – es wird aber anders interagiert. Die Kleinkinder interagieren nun direkt durch ihre Handlungen (Touch) mit dem Bildschirm und mit der dort präsentierten Geschichte. Sie kommunizieren seltener (indirekt) mit den Erwachsenen über die Geschichte. Ihre Sprechakte werden aber nicht nur weniger, sondern auch weniger dialogisch. Vergeblich versuchen die Erwachsenen mit einem ihrerseits erhöhten Sprechanteil gegenzusteuern. Es bleibt dabei: Anders als beim gemeinsamen Lesen in der Printversion kommunizieren die Kinder nunmehr (direkt) mit dem Screen und weniger mit dem Erwachsenen über das auf dem Bildschirm Gesehene oder Gehörte.[14] Das bahnt den Weg zum unbegleiteten Bilderbuchlesen auf dem Tablet oder Smartphone.

In den Begrifflichkeiten von Naomi Baron lässt sich das bislang Ausgeführte so zuspitzen: Beim gemeinsamen E-Book-Lesen besteht die Gefahr, dass weniger über den Inhalt (Content) einer Geschichte miteinander gesprochen wird als vielmehr über den Behälter (Container), der die Geschichte enthält. Dies aber führt am Ende dazu, dass die Eigenschaften und Eigenarten des Behälters – Buchpapier oder Bildschirm – den Leseprozess und die Vorleser-Zuhörer-Interaktion verändern, selbst wenn sich der gleiche Inhalt darin befindet. Und, wie es sich am Beispiel der zuletzt erwähnten schwedischen Studie abzeichnet: Dass die direkten und nonverbalen Interaktionen des Kindes mit dem Bildschirm die Häufigkeiten seiner expressiven und dialogischen Sprachäußerungen allmählich ersetzen.

Bei weitem nicht alles, was technisch machbar ist, gut aussieht und hübsch tönt, ist auch pädagogisch sinnvoll. Unstrittig ist das Aktivierungspotenzial elektronischer Bilderbücher, die interaktive Funktionen beinhalten. Welche dieser Funktionen sind aber notwendig und förderlich, um das Textverstehen, den Wortschatz und die literale Sozialisation voranzubringen? Adriana Bus und ihre Kolleginnen aus Norwegen und aus den Niederlanden haben zusammengefasst, wie die digitalen Möglichkeiten und Anforderungen der *E-Books 2.0* mit den begrenzten Verarbeitungskapazitäten von Kleinkindern zu vereinbaren sind. In lerntheoretischer Hinsicht entscheidend ist dabei zweierlei: Erstens, dass es bei der gemeinsamen oder eigenverantwortlichen Nutzung der E-Books und Apps zu einer kognitiven Aktivierung der Kinder kommt, dass sie also beim digitalen Lesen zum aktiven (Mit-)Denken angeregt werden – und nicht zum passiven Konsumieren. Sowie zweitens, dass bereits bei der Gestaltung der E-Books ein möglichst ressourcenschonendes Zuhören bzw. gemeinsames Lesen in den Blick genommen wird.[15] Die Beachtung des Kohärenzprinzips hinsichtlich Bild und Text wäre in Bezug auf den zweiten Punkt zu nennen und die Empfehlung, dass die interaktiven Anreicherungen nicht allzu viele Redundanzen enthalten sollten. Wichtig ist auch, dass die jungen Zuhörerinnen und Zuhörer die *Kontrolle behalten,* dass sie also eine Vorlesefunktion je nach Bedarf anhalten oder ausschalten können. Hier sind gute Softwareentwicklerinnen und -entwickler gefragt, bei denen der informationstechnologische Sachverstand mit der Berücksichtigung der grundlegenden pädagogisch-psychologischen Erfordernisse Hand in Hand geht.

Natürlich kann man bei den elektronischen Büchern die Vorlesefunktion auch ausschalten und die Hotspots deaktivieren. Dann können die Eltern das elektronische Bilderbuch so vorlesen, wie sie ein Papierbuch vorlesen würden. Das aber wird in aller Regel nicht geschehen. Wo es die angereicherten Bücher gibt, werden sie als solche genutzt werden. Auch dass die digitalen Medien die realen Eltern-Kind-Interaktionen beim Vorlesen nicht ersetzen sollten, wird wohl ein frommer Wunsch bleiben. Das Gegenteil ist wahrscheinlicher: Viele Eltern werden mit dem Vorlesen aufhören, weil sie die E-Books mit Vorlesefunktion für die bessere Alternative halten.

UNBEGLEITETES LESEN UND HÖREN

Vom unbegleiteten Hören (Voiceover) der auf dem Screen dargebotenen elektronischen Kinderbücher bis zu den digitalen *Lese- und Lernstiften* ist es ein kurzer Weg. Dieser ist allerdings mit einem interessanten Crossover hinsichtlich der medialen Hardware verbunden, denn beim Lesestift werden Papier und Elektronik auf andere Weise miteinander verknüpft. Als elektronische Lesegeräte mit eingebautem Lautsprecher dienen die Stifte dazu, ein zugehöriges und entsprechend präpariertes gedrucktes Buch zum Sprechen zu bringen. Durch das Antippen von Textstellen wird ein vorne im Stift sitzender optischer Sensor aktiviert, der die Vorlesefunktion auslöst. Kommerziell sind die Lesestifte, die es auch mit Aufnahmefunktion gibt, eine überaus lohnende Sparte, vor allem für die Spiele- und Schulbuchverlage. Eltern und Kinder schätzen die Stifte. Die Eltern, weil sich die Kinder auf diese Weise allein beschäftigen können. Die Kinder, weil sie damit auch dann lesen können, wenn ihre Eltern keine Zeit zum Vorlesen haben. Eine Win-win-Situation! Oder gibt es am Ende doch nur Verlierer?

Bei den auf Touchscreens präsentierten Bildgeschichten wird die Vorlesefunktion durch Antippen ausgelöst. Die Schwachstelle des unbegleiteten Hörens – und dies gilt für die 0- bis 2-Jährigen in besonderer Weise – liegt offenkundig darin, dass es an der sozialen Interaktion fehlt. Bindungsförderlich im zuvor ausgeführten Sinne kann das unbegleitete Hören mithin nicht sein. Ob es mit Blick auf die kognitiv-sprachliche Entwicklung und mit Blick auf die Lesemotivation vorteilhaft sein kann, hängt davon ab. Wovon? Zunächst einmal von den verfügbaren Alternativen, das aber heißt: von der Art des Vergleichs. Oder, um auf den eingangs bemühten Äpfel-Birnen-Vergleich zurückzukommen: von der gewählten Referenzgruppe! Natürlich ist es nicht gut, wenn Eltern ihr Vorlesen einstellen, weil es Angebote mit Vorlesefunktionen gibt. Wenn Eltern zum Vorlesen oder dialogischen Bilderbuchlesen aber gar nicht zur Verfügung stehen, ist das unbegleitete Hören besser als nichts. Aber ist es auch gut genug?

Dass Nähe und Austausch durch eine persönliche Interaktion fehlen, ist beim unbegleiteten Lesen nicht nur in sozial-emotionaler

Hinsicht misslich. Es fehlen mit Blick auf die sprachlich-kognitive Förderung auch die elterliche Führung und Abschirmung, um die Kinder bei der Stange (nämlich bei der Geschichte) zu halten und sie vor allzu abwegigen Touchscreen-Aktivitäten zu bewahren. Deshalb müssen die Animationen – wie bereits erwähnt – sparsam und didaktisch klug gestaltet sein, um beim selbstständigen E-Book-Lesen bzw. -Hören positive Effekte für den Wortschatz und für das Geschichtenverstehen zu erzielen.

Die dialogische Situation, die individuelles Nachfragen und zusätzliche Erläuterungen zulässt, ist dem unbegleitet-passiv-rezeptiven Hören von Hörbüchern jedenfalls überlegen, vom Vorteil gegenüber des unbegleiteten Fernsehens gar nicht zu reden. Fernsehen regt die Vorstellungskraft von Kindern weit weniger an als das Zuhören einer erzählten Geschichte. Beim Vorlesen und Erzählen erfahren Kinder im Übrigen nicht nur etwas über den Inhalt einer Geschichte, sondern auch über den Menschen, der sie vorliest oder erzählt. Die so erfahrene Mündlichkeit bahnt die spätere Schriftlichkeit.

Zusammenfassend lässt sich festhalten:
- Das Vorlesen und das gemeinsame Bilderbuchlesen fördern das Textverstehen und den Wortschatz.
- Wenn aus Print-Büchern vorgelesen wird, sind die sozialen Interaktionen intensiver.
- Elektronische Bücher besitzen ein hohes Anreizpotenzial.

WAS TUN?

Bei den 0- bis 2-Jährigen sind die Eltern besonders unsicher, wie sie die frühe literale Sozialisation ihrer Kinder unterstützen können und sollen. Jedenfalls gilt das für diejenigen, die sich überhaupt Gedanken darüber machen. Die Verunsicherung ist dabei weniger auf die mediale Seite des Vorlesens bezogen. Ob besser aus Print- oder mittels E-Books vorgelesen werden sollte, beschäftigt die Eltern kaum. Vielmehr sind sich viele Eltern nicht darüber im Klaren, ob und wieviel sie den unter 3-Jährigen überhaupt vorlesen sollten. Dabei ist die Befundlage in dieser Hinsicht recht eindeutig:

1 Mit dem Vorlesen sollte **möglichst früh** begonnen werden, jedenfalls deutlich vor dem ersten Geburtstag. Je früher mit dem Vorlesen begonnen wird, desto besser ist das für die sprachliche Entwicklung.[16]

Schwieriger ist die Frage zu beantworten, ob sich das frühe Vorlesen digitaler Hilfsmittel bedienen sollte. Wird das frühe Vorlesen als soziale Interaktion zwischen Mutter/Vater und Kind aufgefasst, bei der es vor allem auf das sozial-emotionale Geschehen ankommt, so lässt sich für die Verwendung von Print-Büchern argumentieren. Denn die digitalen Bücher sind eher nicht darauf ausgelegt, die Eltern-Kind-Interaktionen zu fördern.[17] Werden dennoch E-Books verwendet, ist auf die dialogische Qualität der Vorlesesituation zu achten. Nähe und Austausch, Zusammengehörigkeit und gemeinsame Erfahrung sind auch mit digitalen Medien möglich – man muss aber mehr darauf achten, dass es dazu kommt.

2 Unter Beziehungs- und Bindungsaspekten und im Hinblick auf die **sozial-emotionale Entwicklung** ist das Vorlesen aus (bzw. das gemeinsame Betrachten von) **Print-Büchern** vorzuziehen.

Sieht man das frühe Vorlesen vornehmlich in seiner Funktion für die sprachlich-kognitive Entwicklung der Kinder, wird die Sache komplizierter. Und zwar in zweierlei Hinsicht. Zum einen hängt nun eine Gebrauchsempfehlung davon ab, wie gut die E-Books gestaltet sind. Und zum anderen kommt es auf den Grad der Bedürftigkeit der Kinder sowie die Verfügbarkeit und die sprachlichen Kompetenzen ihrer Eltern an, ob sich ein animiertes E-Book zur selbstständigen Nutzung empfiehlt oder nicht.

3 Unter dem Aspekt der **sprachlich-kognitiven Entwicklung** können die **elektronischen Bücher** gleichwertig sein, wenn sie gut gemacht sind. Die Animationen dürfen allerdings nicht ablenken oder kognitiv überfordern.

4 Für den Gebrauch gedruckter Bücher gilt, dass sie **ohne elterliche Unterstützung** weniger lernförderlich sind. Bei der Verwendung elektronischer Bücher ist zu beachten, dass sich die Interaktionsdynamik verändert, wenn sie gemeinsam gelesen werden.

Die Frage nach der Motivierungsqualität ist leicht zu beantworten. Das Engagement der Kinder ist im Allgemeinen größer, wenn digitale Medien angeboten werden. Die Kinder bleiben länger bei der Sache und beschäftigen sich intensiver damit. Oft gilt ihr Interesse allerdings dem digitalen Informationsträger selbst und weniger der transportierten Information.

5 Mit Blick auf das Leseengagement trumpfen die E-Books auf, insbesondere aufgrund ihrer Vorlesefunktionen und der Hotspots. Ihr besonderer Vorteil liegt in ihrer unbegrenzten Verfügbarkeit, die das beliebig oft wiederholbare unbegleitete Hören möglich macht.

Muss das sein?

Muss das digitale Lesen zwischen 0 und 2 Jahren also sein? Eigentlich nicht, aber es sind durchaus Konstellationen denkbar, in denen die geäußerten Vorbehalte geringer wiegen als der potenzielle Nutzen. Umso mehr ist darauf zu achten, dass die elektronischen Vorlesehilfen nicht in Richtung Vergnügungsspiele abdriften und dass die Anreicherungen stets textbezogen und nicht ablenkend gestaltet sind – und so dem Textverständnis und dem Wortschatzaufbau dienlich. Die elterliche Anwesenheit scheint dabei hilfreich, wenn nicht gar erforderlich. Sie läuft allerdings Gefahr, sich überflüssig zu machen, je interaktiver die Applikationen sind und je selbstständiger sich die digitalen Angebote nutzen lassen. In den Zeitschienen der digitalen Kritikerinnen Maryanne Wolf und Naomi Baron kommt der Einsatz digitaler Lesemedien für die unter 3-Jährigen grundsätzlich nicht infrage. Renate Valtin und Tiziana Mascia, die für das europäische Netzwerk ELINET sprechen, scheuen zwar eine solch klare Absage, im Kontext ihrer Ausführungen wird aber deutlich, dass auch sie die Vorbehalte teilen.[18] Empirische Daten, die eine grundsätzliche Wirksamkeit digitaler Lesemedien für die unter 3-Jährigen infrage stellen, gibt es nicht.

Als Entwicklungspsychologe mag ich mich den Vorbehalten anschließen. Als Leseforscher muss ich Umstände zur Kenntnis nehmen, in denen zumindest die sprachlich-kognitive Entwicklung von Kindern mit ungünstigen Lernvoraussetzungen und/oder aus familiären Risikolagen vom Einsatz klug angereicherter digitaler Lesemedien profitiert. Ein Argument für einen unkritischen Einsatz der digitalen Lesemedien ist das nicht. Schon gar nicht für ein Ersetzen der multisensorischen kindlichen Erfahrungsmöglichkeiten mit papierenen Büchern und lebendigen Vorleserinnen und Vorlesern durch elektronische Geräte und anonyme Lautsprecher. Wo es die verlässliche und kompetente erwachsene Vorleserin bzw. den entsprechenden Vorleser nicht gibt, sollten alle Anstrengungen unternommen werden, diese oder diesen zu finden. Dass sich Eltern aufgrund der elektronischen Bilderbücher mit Vorlesefunktion ohne Not aus der persönlichen Vorleseinteraktion ausschleichen, ist vielleicht die größte Gefahr. Chancen bieten die elektronischen Bilderbücher allerdings für Kinder, denen sonst gar nicht vorgelesen würde.

Dass aus kinderärztlicher Sicht nicht selten für eine generelle Screen-Abstinenz während der ersten Lebensjahre plädiert wird, steht auf einem anderen Blatt. Italienische Kleinkinder im Alter zwischen acht und 36 Monaten schlafen jedenfalls umso weniger, je häufiger und je länger sie elektronische Geräte benutzen – und je mehr solcher Geräte sich in ihrem Schlafzimmer befinden.[19] Bei den 2-Jährigen wirkt es sich negativ auf deren Sprachentwicklung aus, wenn die Eltern in ihrer Anwesenheit digitale Medien nutzen, etwa zum Telefonieren, zum Lesen, zum Videokonsum, zum Chat oder zur Recherche – und wenn die Kinder dabei zusehen und zuhören.[20] Nur wo das Anschauen von Filmen oder Bildern gemeinsam mit den Kindern und gezielt interaktiv vonstattengeht, bleiben die negativen Effekte aus.

4 Digital lesen 3–5: Bringt das was?

Natalia Kucirkova, zusammen mit Adriana Bus eine der profiliertesten Forscherinnen über das digitale Lesen im Vorschulalter, legt großen Wert auf eine differenzierte Betrachtung: Das multimedial angereicherte Bilderbuchlesen kann demnach für die Sprachentwicklung hilfreich sein, wenn es sich a) bei den Anreicherungen um vernünftige und maßvolle Animationen handelt, wenn b) die dialogische Interaktion mit den Erwachsenen nicht gänzlich durch die Elektronik ersetzt wird und wenn c) die Kinder besonders bedürftig sind.[1] In einer Metaanalyse hat sie die Ergebnisse aus 39 Studien gesichtet, in den allermeisten davon ging es um Kinder zwischen vier und fünf Jahren. Die entscheidende Frage war: Wirken sich die multimedialen Anreicherungen im Endeffekt eher unterstützend oder eher ablenkend aus? Die Ergebnisse lassen sich so zusammenfassen:

1. Wird vom Papier (vor)gelesen, gibt es im Vergleich zum Bildschirmlesen mit automatischer Vorlesefunktion leichte Vorteile im Hinblick auf das Verstehen und Behalten einer Geschichte.
2. Die Unterstützung durch einen Erwachsenen beim Printlesen ist wirksamer als das eigenständige Bildschirmlesen animierter Texte.
3. Zur Bildschirmunterlegenheit kommt es nicht, wenn die digitalen Animationen moderat und kongruent mit der Story gestaltet sind – und wenn die Erwachsenen das Bildschirmlesen strukturierend begleiten.
4. Beim nicht-begleiteten Bildschirmlesen unterstützt eine Wörterbuchfunktion die Erweiterung des Wortschatzes – nicht aber das Textverstehen.

Einschränkend ist allerdings darauf hinzuweisen, dass die in den Studien realisierten multimedialen Angebote sowie das Ausmaß der elterlichen Unterstützung ausgesprochen heterogen waren – das führt bei der zusammenfassenden Interpretation der Befunde zu dem bereits mehrfach angesprochenen Obstsalat-Problem. Um am Beispiel dieser überaus seriösen Metaanalyse zu präzisieren, wie unterschiedlich die 39 Studien waren, die ihr zugrunde liegen: Meist, aber nicht immer, wurden in der Bildschirmbedingung kommerzielle E-Books verwendet (28-mal). Gelegentlich (5-mal) war das E-Book dabei nur ein digitaler Klon des Printformats. In allen anderen Fällen hatte es wenigstens eine automatische Vorlesefunktion, oft war zusätzlich der Text unterlegt oder hervorgehoben, der gerade vorgelesen wurde (16-mal). Häufig gab es Wörterbuchfunktionen (18-mal). In den neueren Studien wurden Touchscreens verwendet (18-mal), in den älteren Studien musste mit einer Maus navigiert werden. Meist (20-mal) war ein Erwachsener sowohl in der Print- als auch in der Screen-Bedingung unterstützend anwesend, gelegentlich (13-mal) blieb die Erwachsenenunterstützung auf die Print-Bedingung begrenzt. Man kann sich leicht vorstellen, dass es bei so vielen Variationen der Untersuchungsanlagen schwerfällt, ein eindeutiges Ergebnismuster des Print-Screen-Vergleichs über alle 39 Studien hinweg zu identifizieren.

Die Ergebnisse der Metaanalyse, aber auch andere Studien belegen, dass sich mit digitalen Angeboten offenbar leichter jene lesefernen Zielgruppen ansprechen und fördern lassen, die a) als besonders bedürftig gelten sowie b) auf den herkömmlichen Wegen nicht so leicht erreichbar sind. Das allerdings ist ein starkes Argument! Auf einer soliden Datenbasis als bei den 0- bis 2-Jährigen (▶ Kap. 3) lässt sich wiederum schlussfolgern, dass es ganz entscheidend auf die konkrete Ausgestaltung der elektronischen Angebote sowie auf das Ausmaß und auf die Art der Erwachsenenunterstützung ankommt, ob das Screen-Lesen im Vergleich zum Printlesen mehr oder weniger gut abschneidet. Das zeigt erneut, dass beim Vergleich stets weitere Aspekte zu beachten sind als nur die mediale Hardware allein.[2] Im Folgenden werden wir einige dieser Aspekte im Detail betrachten.

Unbegleitet oder mit Unterstützung?

Bei den 0- bis 2-Jährigen brauchte es, wie bereits erwähnt, die Erwachsenenunterstützung zur Aufmerksamkeitslenkung beim elektronischen Bilderbuchlesen. Für die älteren Vorschulkinder ist die Sachlage nicht ganz so eindeutig, denn es gibt Befunde in die eine und in die andere Richtung. Rebecca Dore und ihre Kolleginnen haben 4- und 5-Jährige per Zufall einer von drei Bedingungen zugewiesen: (1) ein Elternteil liest eine Geschichte aus einem E-Book vor, (2) die automatische Vorlesefunktion unterstützt das selbstständige Betrachten des betreffenden E-Books sowie (3) das E-Book wird ohne Audio- und ohne Elternunterstützung angeschaut. Danach wurden die Kinder gebeten, einem Stofftier die eben gehörte bzw. angeschaute (Bild-)Geschichte wiederzuerzählen. Ganz zum Schluss sind die Forscherinnen die Geschichte noch einmal Bild für Bild mit den Kindern durchgegangen und haben sie sich so gut es ging nacherzählen lassen. Am meisten haben die Kinder behalten, wenn ihnen die Eltern vorgelesen hatten, und am wenigsten diejenigen, die das E-Book ganz ohne Unterstützung betrachteten. Das automatische Vorlesen war weniger wirksam als die Elternunterstützung, aber immer noch besser, als wenn es gar kein Voiceover gab.[3] Das spricht für die Elternbegleitung. Wenn es aber nicht um das Geschichtenverstehen, sondern (nur) um die Erweiterung des Wortschatzes ging, war die Elternbegleitung nicht ganz so wichtig. Dann kann nämlich auch eine interaktive Spiele-App hilfreich sein, welche die Kinder selbstständig nutzen. Die Forscherinnen berichten jedenfalls von erheblichen Fortschritten bei Kindern aus benachteiligten Familien.

Wo es einen Erwachsenenvorteil gibt, liegt dies vermutlich an der ungleich höheren Responsivität, die eine Vorleserin oder ein Vorleser in das gemeinsame dialogische Lesen einbringen kann. In einer innovativen Studie haben wiederum die Forscherinnen aus den USA gezeigt, dass 4-Jährige vom gemeinsamen Bilderbuchlesen (Live) in Bezug auf Wortschatz und Textverstehen genauso profitieren wie vom gemeinsamen Bilderbuchlesen über Videochat – dies sogar dann, wenn das Vorlesen vorab aufgezeichnet und nur mit einigen standardisierten Aktivierungsfragen (Prompts) versehen war.

Als pseudokontingent bezeichnen die Autorinnen die letztgenannte Bedingung. Dass die Konserve nicht kontingent mit den Kindern kommunizierte, haben diese rasch bemerkt und sich weniger oft auf die Prompts eingelassen.[4]

Eine in England durchgeführte Studie – die Kinder waren diesmal allerdings schon im Alter zwischen sechs und sieben Jahren – verglich das Vorlesen gedruckter Bücher mit dem gemeinsamen Lesen einer animierten E-Book-Version. Hier zeigte sich: Wird die Geschichte gemeinsam mit der Mutter am Touchscreen verfolgt, so ist die Behaltensleistung der Kinder weniger gut als beim gemeinsamen Papierbuchlesen. Dafür werden – wohl wegen der ansprechenden auditiven Animationen – mehr Emotionen bei den Kindern ausgelöst.[5] Denn anders als in der zuvor berichteten Studie waren die elektronischen Darbietungen durch interaktive Hotspots angereichert. Dass die Mutter-Kind-Interaktionen weniger auf die Geschichteninhalte zielten, sondern eher auf die interaktiven Features, könnte eine Erklärung für die schwächeren Behaltensleistungen der Kinder sein. Auch andere Studien liefern Hinweise darauf, dass sich die erwachsenen Vorleserinnen und Vorleser anders verhalten, wenn sie ein Kind beim Interagieren mit einer Lese-App begleiten, als wenn sie aus einem gedruckten Buch vorlesen. Auffällig sind jedenfalls die vermehrten affektiven Dialoge beim gemeinsamen E-Book-Lesen sowie die vermehrt auch von den Erwachsenen initiierten technikbezogenen Dialoge. Nicht nur bei den Kindern, sondern auch bei den Eltern verändert also der digitale Informationsträger (der Container) die Art der Interaktionen. Die kognitiven Hilfestellungen der Eltern (das sogenannte Scaffolding) bleiben im Ausmaß im Wesentlichen so wie bei den Printversionen.[6]

Unter den 3- bis 5-Jährigen ist das Bildschirmlesen viel gebräuchlicher als bei den Jüngeren. Einer Studie der Universität Bamberg zufolge sind dabei die digitalen Lese- und Lernstifte verbreiteter (66 %) als elektronische Bücher mit Vorlesefunktion und Animationen (22 %).[7] Zudem werden die Stifte wesentlich häufiger genutzt als die E-Books. Noch häufiger wird allerdings aus echten Büchern vorgelesen – jedenfalls war das in der Bamberger Stichprobe so, wo in mehr als 70 Prozent aller Fälle die Eltern der Kinder über einen höheren Schulabschluss verfügten. Die elektronischen Bücher werden meist gemeinsam mit einem Erwachsenen angeschaut, die Lese- und Lernstifte werden hingegen überwiegend selbstständig, also ohne elterliche Begleitung, genutzt. Ein höherer Fernsehkonsum war – nicht ganz unerwartet – bei Kindern eher bildungsferner Elternhäuser zu beobachten. In höherem Maße aus echten Büchern vorgelesen bekamen hingegen die anderen Kinder. Wenn in den Familien mit Migrationshintergrund digitale Lernstifte überhaupt vorhanden waren, dann wurden diese vergleichsweise häufig genutzt.

Eine Studie aus Kalifornien bestätigt für die 3- bis 5-Jährigen, was für jüngere Kinder aufgrund einer spärlichen Datenlage so eindeutig nicht zu sichern war: Textverstehen und Wortschatz können durch die selbstständige Betätigung der Vorlesefunktion auf einem Tablet fast genauso gut gefördert werden, wie wenn Erwachsene die Geschichte aus einem gedruckten Buch vorlesen. Auch die Motivierungsqualitäten sind in etwa gleich. Bei der Verwendung von E-Books haben sich die Kinder allerdings nicht nur über den Inhalt (Content) einer Geschichte, sondern auch über die Funktionsweise des elektronischen Lesegeräts (Container) Gedanken gemacht und dies auch in ihren Äußerungen zum Ausdruck gebracht. Sofern es das Textverstehen nicht beeinträchtigt, muss das nicht nachteilig sein.[8]

Bemerkenswerte Ergebnisse liefert eine experimentelle Studie von Adriana Bus und Rosalie Anstadt, die im Folgenden vorgestellt wird.[9] Die beiden Autorinnen haben bei der Verwirklichung ihres Vorhabens ernst genommen, was weiter oben mit Blick auf die kognitiven Erfordernisse multimedialen Lernens sowie mit Blick auf die Begrenztheiten der mentalen Ressourcen von Kleinkindern bereits angesprochen wurde: Dass bei der Realisierung multimedialer Animationen unbedingt darauf zu achten ist, die Aufnahmekapazitäten der Kinder nicht zu überlasten. Nicht jede gut gemeinte Animation ist nämlich gut gemacht. Am Ende hat man leicht zu viel des Guten.

Adriana Bus und Rosalie Anstadt haben bei 5-Jährigen drei unterschiedliche Arten von elektronischen Bilderbüchern verwendet – betrachtet wurden sie ganz ohne Erwachsenenunterstützung. Die mit 24 Bildern versehenen Geschichten wurden jeweils auf einem Tablet mit Touchscreen zusammen mit dem eingesprochenen (Voiceover) und geschriebenen Text (ca. 300 Wörter) präsentiert. Die Bilder sind dabei das Wesentliche, denn sie stützen das Verstehen der Geschichte! In einer *ersten Version* blieben die Bilder statisch, also so, wie man das aus klassischen Büchern mit bebilderten Geschichten kennt. In einer *zweiten Version* wurden die Kinder durch eine besondere Kameraführung (Zoom) beim Betrachten auf das jeweils Wesentliche in einem Bild gelenkt. Pro Bild gab es zwei bis drei solcher Zooms. Nur auf den ersten Blick ist diese Form der gelenkten Aufmerksamkeitsführung eine Grenzüberschreitung in Richtung Film. In Wirklichkeit wird die Grenze vom statischen zum bewegten Bild nicht überschritten. Und in der *dritten Version* hatten die Kinder zusätzlich die Möglichkeit, die Geschwindigkeit der Präsentation selbst zu steuern, denn vor jedem neuen Bild und nach jedem Zoom (also mehr als 50-mal) stoppte die Präsentation und die Kinder mussten selbst tätig werden, um die Geschichte auf dem Screen fortzusetzen, wann immer ihnen das zweckmäßig erschien. Die Ergebnisse waren eindeutig: (1) Durch eine klug gewählte Kameraführung (zweite Version) und die damit verbundene Aufmerksamkeitslenkung wurden die Inhalte der jeweiligen Geschichten besser verstanden und behalten. (2) Wenn die Kinder selbst die Geschwindigkeit der Darbietung steuern konnten (dritte Version), war dies mit zusätzlichen Vorteilen verbunden. Besonders interessant war aber Folgendes: Profitiert haben durch die zweite und dritte Version jeweils nur die Kinder mit den vergleichsweise schlechteren sprachlichen Voraussetzungen. Diese allerdings in erheblichem Maße! Für die anderen Kinder bringt weder das Zoomen noch die Möglichkeit zur Selbststeuerung der Präsentation einen Gewinn.

Es gibt gute Gründe, die Befunde der beiden Forscherinnen in dieser Ausführlichkeit darzustellen. Die Studie illustriert nämlich beispielhaft das *kompensatorische Potenzial* klug designter multimedialer Anreicherungen, die kognitiv aktivieren, aber nicht überfordern und auch nicht ablenken. Bei Kindern mit sprachlichen Defiziten können die Anreicherungen dazu führen, dass sie in Bezug auf das Geschichtenverstehen sogar zu den anderen Kindern aufschließen. Jenen – den sprachlich gewandteren Kindern – bringen die unterstützenden Hilfen dagegen nichts. Sie haben sie nicht nötig."[10]

Die kompensatorische Wirksamkeit der multimedialen Unterstützung lässt sich gut anhand des in der Pädagogischen Psychologie gebräuchlichen Begriffs des *Scaffolding* beschreiben. Damit ist ein Gerüst aus Lernhilfen gemeint, welches den Kindern Entwicklungen und Fortschritte ermöglicht, zu denen es ohne die zusätzlichen Hilfen nicht kommen würde. Hier sind das Zoomen und die Verlangsamung der Präsentation solche abgestimmten Lernhilfen oder Lerngerüste. Auf den russischen Psychologen Lew Wygotski geht die Idee zurück, dass individuelle Lernfortschritte jeweils nur innerhalb einer von ihm so bezeichneten *nächsten Entwicklungsstufe* möglich seien und dass es die Kunst pädagogischen Handelns sei, für jedes einzelne Kind herausfordernde Lernaufgaben gerade so auszuwählen und so zu präsentieren, dass diese Aufgaben selbstständig zwar noch nicht, mit den entsprechenden Lernhilfen (Scaffolding) aber sehr wohl gelöst werden könnten. Genau das geschieht hier für die Kinder mit den weniger guten sprachlichen Voraussetzungen. Mit zunehmenden Lernfortschritten kann und muss das helfende Gerüst wieder abgebaut werden. Und die sprachlich gewandteren Kinder benötigen es erst gar nicht.

Welche Animationen?

Noch ein Wort zur technischen Umsetzung der Lern- und Lesehilfen und zur Theorie des multimedialen Lernens. Wie die Autorinnen zu Recht betonen, braucht es psychologischen, pädagogischen und informationstechnologischen Sachverstand, um die mediale Realisation der Bilderbücher so hinzubekommen, dass die Anreicherungen lernförderlich werden können. Nicht jeder technologisch reizvolle Schnickschnack darf deshalb zum Einsatz kommen. Dass die behutsame *Aufmerksamkeitslenkung* durch das Zoomen vor Abschweifungen schützt, wurde bereits erwähnt. Mit der Selbststeuerung der Präsentationsgeschwindigkeit wird das wichtige Prinzip der *Segmentierung* genutzt, also der Umstand, dass Informationshäppchen leichter zu verarbeiten sind als ein großer Brocken am Stück. Weiterhin ist eines der zentralen Prinzipien der *Kognitiven Theorie des Multimedialen Lernens* berücksichtigt: das Prinzip der zeitlichen Kontiguität bzw. der *Gleichzeitigkeit*. Die Kameraführung bringt die Kinder exakt in dem Moment dazu, bestimmte Elemente einer der Illustrationen genauer zu betrachten, wenn diese Elemente per Audio über die Vorlesefunktion zur Sprache kommen. Die unmittelbare Verknüpfung von visuell und auditiv wahrgenommener Informationen wird dadurch begünstigt – und das Textverstehen so erleichtert.

Wo hingegen die Prinzipien des multimedialen Lernens bei den angereicherten elektronischen Angeboten nicht beachtet werden, kann es zu einer kognitiven Überlastung kommen. Das ist zum Beispiel dann der Fall, wenn die Animationen von den für das Geschichtenverständnis notwendigen Inhalten wegführen, wenn durch eine ungleichzeitige Präsentation von Bild, Schrift und Ton gegen die zeitliche oder räumliche Kontiguität verstoßen wird oder wenn es zu viele (gut gemeinte) Redundanzen oder zu viele überflüssige Details gibt, die allesamt ressourcenverschlingend verarbeitet werden müssen. Auch wenn es zu schnell gehen muss, scheitert das multimediale Lernen.[11]

Und dann gibt es eine weitere Gefahr: Wo das elektronische Bilderbuch zu sehr in Richtung (Trick-)Film abdriftet, wird einer passiv-rezeptiven Informationsaufnahme Vorschub geleistet. Damit wird gegen das Erfordernis der kognitiven Aktivierung verstoßen, weil den Kindern zu viel abgenommen wird. Ohnehin dürfen die interaktiven Anwendungen nicht »zu unterhaltsam« sein. Sonst ist zu befürchten, dass es beim späteren Lesen- und Schreibenlernen an der Bereitschaft mangelt, die notwendige Aufmerksamkeit und Anstrengung zu investieren. Lernen muss nicht unbedingt unterhaltsam sein!

Nicht immer ist auf den ersten Blick leicht zu erkennen, weshalb einige Anreicherungen das Lernen boostern und andere nicht. Und im Allgemeinen werden die Eltern und andere Bezugspersonen Theorien des multimedialen Lernens und der kognitiven Belastung nicht zu Rate ziehen, bevor sie ein E-Book oder eine Lese-App erwerben und verwenden. Aber als Faustregel kann gelten: Was nicht unmittelbar zum Verstehen der erzählten Geschichte bzw. eines Handlungsablaufs beiträgt, lenkt ab und beeinträchtigt deshalb das Lernen. Zu laut, zu bunt und zu bewegt sollte es nicht zugehen. Vor allem eingebettete Spiele lenken ab. Zwei Literaturübersichten jüngeren Datums stimmen zuversichtlich, was die lernförderliche Gestaltung der neueren E-Books und Apps für 3- bis 8-Jährige betrifft.

Vor allem in Belgien, Spanien und den Niederlanden hat sich Einiges getan. Die Forscherinnen beschreiben auch, was für die E-Book-Entwickler noch zu tun bleibt:
1. Unbedingt sollte es beim Bildschirmlesen die Option zum Vorwärts-Rückwärts-Blättern geben, so wie das auch bei gedruckten Büchern möglich ist.
2. Unbedingt sollte man die Vorlesefunktion anhalten – und an der gleichen Stelle wiederaufnehmen – und die Vorlesefunktion zeitweise stummschalten können.
3. Wünschenswert wäre, wenn sich Schwierigkeitsgrad und Animationsniveau der elektronischen Anwendungen je nach Bedarf einstellen ließen.[12]

Notwendig ist im Übrigen, dass man sich bei der Entwicklung von Lese-Apps und elektronischen Bilderbüchern an den pädagogischen Erfordernissen und den entwicklungspsychologischen Gesetzmäßigkeiten orientiert. Mit Blick auf die Kognitive Theorie des Multimedialen Lernens wurden einige wichtige Prinzipien bereits benannt. Aus pädagogisch-psychologischer Sicht kann ein Rahmenmodell des Lernens eine vernünftige Richtschnur liefern, das auf vier Pfeilern beruht: Kognitiv aktiv, sozial interaktiv, mit Engagement und Interesse und auf bedeutungshaltige Inhalte gerichtet funktioniert demnach das kindliche Lernen am besten.[13] Genau diese Kriterien sind zu beachten, wenn wir uns die pädagogischen Apps anschauen und ihre Gestaltungsmerkmale im Hinblick auf ihre potenzielle Wirksamkeit einschätzen. Erfüllen die digitalen Angebote solche Mindestanforderungen in Bezug auf eine lerntheoretische Fundierung nicht, kann man sich im Grunde eine Überprüfung ihrer Lernwirksamkeit sparen. Erwachsene sind gut beraten, sich gründlich zu informieren, bevor sie ihren Kindern die digitalen Angebote in die Hand geben. Denn die allermeisten Lern- und Lese-Apps genügen den genannten Anforderungen nicht.

Man kann nicht alles haben. Deshalb sollte man sich hüten, reale Äpfel mit idealisierten Orangen zu vergleichen. Adriana Bus und Rosalie Anstadt haben mit der oben beschriebenen Studie beispielhaft dargelegt, welche unterstützenden Animationen für das Textverstehen hilfreich sind – jedenfalls für Kinder mit besonderen

Bedürfnissen. Zur Erweiterung des Wortschatzes haben diese Animationen nicht beigetragen – hierfür wäre wohl eine Wörterbuchfunktion geeigneter gewesen. Und in Bezug auf die sozialemotionalen Aspekte – etwa die Entwicklung des Einfühlungsvermögens oder der Moral – sowie mit Blick auf die elterlichen Unterstützungspotenziale beim elektronischen Lesen kann aus der Studie gar nichts geschlussfolgert werden, weil dies nicht thematisiert wurde und weil es eine Vergleichsgruppe mit erwachsener Begleitung nicht gegeben hat. Aus anderen Studien weiß man allerdings, dass frühes und häufiges Vorlesen aus dem gedruckten Buch vermittelt über die Entwicklung der sprachlichen Kompetenzen auch die sozial-emotionalen Kompetenzen der Kleinkinder positiv beeinflusst.[14]

Auf der anderen Seite darf man es sich beim Kritisieren elektronisch angereicherter Bilderbücher nicht zu leicht machen. Das unbegleitete Lesen und Hören klug angereicherter Bilderbücher ist dem bloßen Film- und Fernsehkonsum allemal vorzuziehen. Zwar ersetzt es nicht die Interaktion mit einer erwachsenen Person, die das Bilderbuchlesen begleitet. Diese Erwachsenen sind aber nur in einer idealen Welt beliebig verfügbar. Jedenfalls kann das unbegleitete Lesen und Hören gut gemachter E-Books das selbstständige und unabhängige Lesen bahnen.

Wie vielschichtig die Befundlage und wie unvollständig unser Wissen über die Effekte des elektronischen Bilderbuchlesens mangels ausreichend aussagekräftiger Untersuchungen allerdings noch immer sind, zeigt eine im Sommer 2021 in Spanien publizierte Übersicht.[15] Die Autorinnen haben besonders strenge Maßstäbe angelegt und nur Forschungsstudien einbezogen, bei denen es eine zufällige (randomisierte) Zuordnung der Kinder zu den experimentellen Vergleichsgruppen sowie Vorher-Nachher-Messungen in Bezug auf die relevanten Zielvariablen gab. Solche Studien gelten zu Recht als besonders aussagekräftig. Drei Vergleichsgruppen haben die Autorinnen interessiert: (1) Kinder, denen aus einem gedruckten Buch von einem Erwachsenen vorgelesen wurde, (2) Kinder, die ein einfaches (Basic) E-Book selbstständig oder gemeinsam mit einem Erwachsenen gelesen haben, sowie (3) Kinder, die ein durch Add-Ons angereichertes (Enhanced) E-Book selbstständig oder wiederum begleitet gelesen haben. Ganze 14 Untersuchungen, die den strengen wissenschaftlichen Maßstäben genügen, hat es in den vergangenen zehn Jahren dazu mit Kindern zwischen vier und sieben Jahren gegeben. Geprüft wurden Effekte auf die phonologische Bewusstheit der Kinder, auf den Wortschatz und auf das Geschichtenverstehen. Nur für den Wortschatzerwerb gibt es wirklich belastbare Aussagen. Hier allerdings scheint die Sachlage eindeutig: Die E-Books sind dann im Vorteil, wenn über interaktive Hotspots eine Wörterbuchfunktion zugänglich ist. Was die erwachsene Lesebegleitung betrifft, scheint die Sache ebenfalls klar: Werden animierte E-Books verwendet, bringt die Anwesenheit des Erwachsenen meist keinen zusätzlichen Gewinn.

Die Autorinnen verweisen auf die weite Verbreitung und zunehmende Bedeutsamkeit des Online-Lernens und digitalen Lesens – gerade in den pandemischen Zeiten –, um vermehrte Anstrengungen zur Qualitätssicherung der elektronischen Angebote einzufordern. Nur gute E-Books können wirksam sein. Dann bergen das digitale Lernen im Allgemeinen und die angereicherten E-Books im Besonderen hervorragende Potenziale, um Kindern aus Risikolagen und mit sprachlichen Defiziten die notwendige Unterstützung zukommen zu lassen. Eigentlich ist das der Prototyp einer kompensatorischen Förderstrategie, aber eben nur dann, wenn die elektronischen Anwendungen gut gemacht sind.

Robots

Als Chatbots oder Konversationsagenten bezeichnet man maschinelle Dialogsysteme, die aufgrund automatischer Spracherkennungssoftware und mittels künstlicher Intelligenz (KI) implementierter Sprachausgabe mit (richtigen) Menschen kommunizieren können. Dass die Erwachsenenunterstützung beim digitalen Lesen zumindest für die Wortschatzentwicklung nicht unbedingt nötig ist, wurde bereits mehrfach erwähnt. Was aber, wenn anstelle der Erwachsenen ein solches Dialogsystem, also ein Roboter, zum Einsatz käme? Das wäre ein Mittelding zwischen dem gänzlich unbegleiteten und dem gemeinsamen Lesen – und deutlich mehr als der oben bereits erwähnte pseudokontingente Videochat mit den automatisierten Prompts. Kleinkindern gefällt die Interaktion mit den Robots jedenfalls besser, als wenn sie nur mit dem Touchscreen interagieren. Eine jüngst in Kalifornien mit 3- bis 6-Jährigen durchgeführte Studie hat gezeigt, dass solche Konversationsagenten beim dialogischen Vorlesen die Erwachsenen ganz gut ersetzen können.[16]

Zusammenfassend lässt sich festhalten:
- Das unbegleitete Lesen elektronischer Bücher mit Vorlese- und Wörterbuchfunktion fördert den Wortschatz.
- Die interaktiven Anwendungen müssen den Gesetzmäßigkeiten des multimedialen Lernens Rechnung tragen.

Was tun?

Bei den 3- bis 5-Jährigen wissen die allermeisten Eltern, dass sie die literale Sozialisation ihrer Kinder unterstützen können, indem sie ihnen vorlesen oder gemeinsam mit ihnen ein bebildertes Buch anschauen. Viele stellen sich allerdings die Frage, ob dies besser mittels Print- oder E-Books geschehen sollte. Sie fragen sich auch, was das unbegleitete Lesen elektronischer Bücher bringt. Die Befundlage erleichtert eine Antwort:

6 Unter dem Aspekt der **besonderen Bedürfnisse** ist das **unbegleitete** Lesen und Hören **elektronischer Bücher** vertretbar und zu empfehlen. Besondere Bedürfnisse kann es auch für Zweitsprachlernerinnen und -lerner geben.

7 Das **unbegleitete** Lesen elektronischer Bücher mit Hörbuchfunktion fördert das **Textverstehen**, wenn die animierenden Add-Ons klug und sparsam designt sind. Das **unbegleitete** Lesen elektronischer Bücher mit Vorlesefunktion fördert den **Wortschatz**, wenn zusätzlich eine Wörterbuchfunktion zur Verfügung steht.

8 Das gemeinsame Lesen und Hören elektronischer Bücher bringen keinen zusätzlichen Gewinn. Das liegt daran, dass sich die Interaktionen mit den Erwachsenen dann mehr auf technische Aspekte beziehen und weniger auf die Inhalte einer Geschichte. Wenn die Gelegenheit zum dialogischen Lesen besteht, so sind Printbücher vorzuziehen.[17]

9 Mit Blick auf die sozial-emotionale Entwicklung sind die elektronischen Angebote eher ein Negativposten. Das liegt schlicht daran, dass sie von vornherein zum unbegleiteten Lesen konzipiert sind. Unmöglich sind Nähe und gemeinsame Erfahrung beim elektronischen Lesen aber nicht.

Wie hilfreich oder wirksam die animierten E-Books sein können, hängt von ihrer Gestaltung ab. Sehr genau ist deshalb die Gestaltung der multimedialen Add-Ons in den Blick zu nehmen.

10 Die Animationen dürfen die Aufnahmekapazitäten der Kinder nicht überfordern. Interaktive Anwendungen dürfen nicht ablenken. Sonst verlieren sich die Kinder im Spielen. Über geeignete Anwendungen (Apps) informiere man sich bei seriösen Quellen.[18]

11 Mit Blick auf das Leseengagement trumpfen die E-Books wiederum auf. Es ist unstrittig, dass die am Bildschirm zugänglichen Bilderbücher eine große Faszination ausüben – selbst wenn man ein Tablet oder einen E-Reader nicht so leicht in den Mund stecken, zerbeißen oder knicken kann wie ein gedrucktes Buch.

Noch wichtiger als das dialogische Bilderbuchlesen und als das frühe Heranführen an die Buchstaben und Wörter der geschriebenen Sprache ist die Förderung des mündlichen Sprachgebrauchs in realen dialogischen und spielerischen Interaktionen – sei es in den Familien oder in den Kindertagesstätten. Kinder lernen in der physischen Interaktion das Zuhören. Sie lernen die unterschiedlichen Funktionen von Sprache kennen und entwickeln eine Vorstellung davon, wozu es der Schriftsprache bedarf. Es ist unklar, inwieweit

im Normalfall die Entwicklung der Mündlichkeit von Sprache von der Verwendung elektronischer Hilfsmittel profitiert.

Bringt das was?

Ja, schon! Denn man darf nicht den Fehler machen, reale Äpfel mit idealisierten Orangen zu vergleichen. Wo ein zugewandter, geduldiger, einfühlsamer und kompetenter Erwachsener für das gemeinsame dialogische (Bilderbuch-)Lesen zur Verfügung steht, ist das die bessere Variante, da zu den nachweislichen Effekten auf die sprachlich-kognitive Entwicklung auch positive Auswirkungen auf die sozial-emotionalen Zielvariablen, wie etwa Verbundenheit und Empathie, zu erwarten sind und weil nur eine tatsächliche Person hinreichend kontingent und responsiv kommunizieren kann. Wo es in der Realität aber diese Erwachsenen gar nicht gibt oder wo Erwachsene nicht so häufig und nicht so ausdauernd zur Verfügung stehen, wie das Kleinkind lesen möchte, können die angereicherten E-Books eine sinnvolle Lösung sein. Das Problem mit dem Bildschirmlesen ist allerdings, dass mit dem digitalen Endgerät auch das Tor zum Spielen sowie zum Film- und Videoschauen – und damit zum passiven Konsumieren – geöffnet wird.

Keine Wirkung ohne Nebenwirkungen. Eine unbegleitete Nutzung elektronischer Medien birgt auf lange Sicht die Gefahr, dass sich die Erwachsenen aus den Face-to-Face-Interaktionen ausschleichen. So würde das E-Book zum digitalen Babysitter. Deshalb sollte es neben dem unbegleiteten weiterhin ein gemeinsames Bilderbuchlesen geben – dann aber am besten analog. Höchstens zwei Stunden am Tag sollte digital gelesen werden – bei den unter 3-Jährigen höchstens 30 Minuten.

Bei den 3- bis 5-Jährigen treibt manche Eltern die Sorge um, ohne ein Heranführen an die digitalen Medien könne ihr Kind im schulischen Anfangsunterricht ins Hintertreffen geraten. Vereinzelt gibt es nämlich schon Schulen, die beim Lesen- und Schreibenlernen in der ersten Klassenstufe bereits auf Tablet und Stift setzen statt auf Papier und Füllfederhalter. Keine Sorge: Selbst wenn Ihre 0- bis 5-Jährigen weitgehend digital abstinent aufwachsen, verpassen sie keines der viel beschworenen Zeitfenster. Den kompetenten Umgang mit und das Lesen auf den digitalen Endgeräten erlernen sie auch mit über sechs Jahren ratzfatz. Aus entwicklungspsychologischer Sicht gibt es ein einziges Zeitfenster, das diesen Namen wirklich verdient. Das ist die für den Spracherwerb relevante Periode in den ersten drei Lebensjahren. Was hier an sprachlichem Input verpasst wird, ist kaum mehr gutzumachen. Digitaler Hilfsmittel bedarf es dafür nicht.

Dass es überhaupt noch digital abstinente Kinder gibt, überrascht vielleicht. Aber sogar in den USA, wo Kinder zwischen null und acht Jahren täglich im Schnitt zweieinhalb Stunden am Bildschirm zubringen, bleiben immerhin 23 Prozent der Kinder ganz ohne Bildschirmunterhaltung. Eine gleich große Gruppe (24 %) mit mehr als vier Stunden täglich gleicht das in der Statistik aus.[19] Die bezeichnenderweise von Common Sense Media erfassten Zahlen beleuchten eine weitere, bereits angesprochene Problematik, wenn man die Angaben auf Teilgruppen herunterbricht: Die vor dem Bildschirm (vor allem zur Unterhaltung) verbrachte Zeit ist für Kinder aus benachteiligten Verhältnissen und aus Familien mit bildungsbezogenen Risikolagen mehr als doppelt so hoch wie bei anderen Kindern. Hilfreich oder gar kompensatorisch für die Kompetenzentwicklung wirkt dieser höhere Medienkonsum aber nicht, auch wenn sich drei Viertel der befragten Eltern der Illusion hingeben, der Medienkonsum ihrer Kinder sei lernförderlich.

Die zweifellos vorhandene Problematik eines exzessiven frühen Medienkonsums darf nicht den Blick dafür verstellen, dass ein Aufwachsen in einer digitalen Welt nicht medienabstinent verlaufen muss. Und dass es in stetig zunehmender Zahl seriöse Forschungsbefunde zu Indikationen und wirksamen Anwendungen digital gestützten Lesens und Hörens im Kleinkindalter gibt.[20]

5 Digital lesen 6–17: Wie lernt man das?

Zum Lesen lernen braucht es ein lernwilliges Kind (oder einen Erwachsenen) und eine Lehrperson, welche die Fertigkeiten des Lesens (und Schreibens) vermittelt. Anders als das Sprechen und das Sprachverstehen, entwickeln sich die Lesefertigkeiten nicht nebenbei durch den bloßen Kontakt mit Personen, die bereits lesen und schreiben können. Wer Schriftzeichen lesen kann, kann sie üblicherweise auch schreiben. In *Digital lesen. Was sonst?* geht es aber nur am Rande um das Schreiben.[1]

Die Altersspanne zwischen sechs und 17 Jahren ist recht groß. Sie umfasst die *Phase des Schriftspracherwerbs,* beginnend mit dem Eintritt der 6-Jährigen in die Grundschule, führt über eine Transformation des *kindlichen Lesemodus* in eine Phase des intimen literarischen Lesens (was nicht jedem Jugendlichen gelingt) und endet mit dem mehr oder weniger lesekompetenten jungen Erwachsenen. Auch das *Informationslesen* gewinnt in diesen Jahren zunehmend an Bedeutung. Die *Phase der lustvollen Kinderlektüre* wird oft als »goldenes Lesezeitalter« bezeichnet. Da die basalen Lesefertigkeiten bis dahin weitgehend automatisiert sind, die Kinder also meist flüssig lesen können, macht Lesen nun Spaß. Dass viele Lieblingsbücher mehrfach gelesen werden, fördert die Automatisierungsprozesse, festigt den Sichtwortschatz und führt so zum automatischen Erkennen besonders häufig vorkommender Wörter. Die *Phase der literarischen Lesekrise,* die mit dem Eintritt in die Pubertät beginnt, beendet diesen paradiesischen Zustand meist. Nur wenige Kinder sind nicht davon betroffen. Viele stellen das Freizeitlesen vorübergehend, manche sogar dauerhaft ein. Ganz unabhängig vom freiwilligen Genusslesen wird natürlich in der Schule und privat weiterhin gelesen, um etwas zu lernen und um sich Informationen zu verschaffen.[2]

Im Folgenden wird zunächst auf die 6- bis 8-Jährigen geschaut und auf das Lesen von *Einzeltexten*. In den ersten zwei Schuljahren werden diese Kinder hauptsächlich mit dem *Lesenlernen* beschäftigt sein, später werden sie *lesen, um zu lernen* und zum Vergnügen. Danach geht es um das digitale Lesen der 11- bis 17-Jährigen, nun allerdings sowohl um das Lesen von Einzeltexten als auch um das gleichzeitige Lesen mehrerer (multipler) Texte. In ihnen offenbaren sich die besonderen Potenziale des digitalen Mediums. Deshalb muss erläutert werden, welche besonderen Möglichkeiten digitale *multiple Texte* eröffnen, aber auch, welche zusätzlichen Anforderungen sie stellen. Stets wird die Frage aufgeworfen und zu beantworten versucht, wie sich die Praktiken und Gewohnheiten des Lesens beim Bildschirmlesen im Vergleich zum Printlesen verändern. Und ob die Kinder und Jugendlichen mehr, weniger oder anders verstehen und behalten, wenn sie digitale Texte lesen. Vieles von dem, was über das digitale Lesen der 11- bis 17-Jährigen berichtet wird, gilt für die Erwachsenen in gleicher Weise (▶ Kap. 6).

■ Bis zum 8. Lebensjahr: Lesen lernen ■

Lesen- und Schreibenlernen gehen Hand in Hand. Mehr noch als beim Lesen ist beim Schreiben zu beobachten, dass die digitalen Schreibgeräte bzw. Tastaturen das analoge Schreiben, also mit der Hand, verdrängen. Da ist die Überlegung naheliegend, beim Lesen- und Schreibenlernen schon von Anfang an auf die digitalen Hilfsmittel zu setzen. Es könnte doch sein, dass es den Schriftspracherwerb erleichtert oder gar beschleunigt, wenn es durch das bloße Tippen oder Berühren von Buchstaben zu einer motorischen Entlastung des handschriftlichen Schreibvollzugs kommt. Es könnte aber auch gerade andersherum sein, dass nämlich mit den feinmotorischen Fertigkeiten des Handschreibens besondere Vorteile für das Lesen- und Schreibenlernen verbunden sind. Was stimmt denn nun?

Der Ulmer Neurowissenschaftler Markus Kiefer und sein Team haben Vorschulkindern Buchstaben beigebracht, damit sie (später) einfache Wörter lesen und schreiben können. In einem Fall wurden dazu Bleistift und Papier genutzt, im anderen Fall ein Laptop mit Tastatur. 4-Jährige, bei denen das Buchstabenlernen durch Tastaturnutzung erfolgte, waren am Ende genauso gut in der Lage, Buchstaben zu erkennen und zu schreiben und Wörter zu lesen, wie diejenigen, bei denen das Erlernen der Buchstaben handschriftlich vonstattengegangen war. Nur beim Wortschreiben waren sie nicht ganz so gut. In einer Folgestudie haben die Wissenschaftlerinnen und Wissenschaftler ihre Stichprobe vergrößert und zudem eine dritte Bedingung des Buchstabenlernens hinzugefügt: Das elektronische Handschreiben mit einem besonderen Stylus auf einem Tablet. Wieder wurde erfasst, wie sich die unterschiedlichen Bedingungen des Buchstabenlernens auf die (späteren) Lese- und Schreibfähigkeiten auswirken. Über einen Zeitraum von sieben Wochen wurden an jeweils vier Tagen pro Woche insgesamt 147 5-Jährige mit 16 Buchstaben vertraut gemacht. Alles in allem betrachtet, hat sich das Buchstabenlernen mit Stift und Papier wiederum als die vorteilhafteste Variante erwiesen, weil es neben der Buchstabenerkennung, dem Wortlesen und dem Wortschreiben zusätzlich die visuell-räumlichen Fähigkeiten verbesserte. Das Tastaturschreiben hat das Wortlesen und -schreiben allerdings genauso gut gefördert wie das Schreiben mit der Hand. Unerwartet schwach war das Abschneiden der Trainingsgruppe mit dem digitalen Stift und dem zugehörigen Tablet. Hier hätte man aufgrund der ausgeprägteren motorischen Komponente mehr erwartet als vom bloßen Tastaturschreiben – und einer der Sponsoren der Forschungsarbeit, der Nürnberger Stylus-Hersteller STAEDTLER, wahrscheinlich auch. Die Autorinnen und Autoren mutmaßen, dass sich die vergleichsweise rutschige und weitgehend reibungsfreie Oberfläche des Touchscreens beim handschriftlichen Vollzug eher nachteilig ausgewirkt hat. Die Kinder haben einen Teil ihrer Aufmerksamkeit für die Bewegungskontrolle auf der für sie schwierigeren Schreibfläche abzweigen müssen.[3]

Gegen das frühe digitale Lesen (und Schreiben) sprechen die geschilderten Befunde nicht. Sie weisen aber darauf hin, dass es von Vorteil sein kann, für den beginnenden Lese- und Schreibunterricht Papier und Bleistift zu nutzen. Und dass eine vermeintliche Erleichterung bzw. motorische Entlastung nicht unbedingt zielführend sein muss. Auch eine Literaturübersicht norwegischer Forscherinnen und Forscher sowie ein Faktencheck des Kölner Mercator-Instituts für Sprachförderung und Deutsch als Zweitsprache zur »Handschrift in der digitalisierten Welt« kommen zu dem Schluss, dass mehr für als gegen die Verwendung der Handschrift beim Lesen- und Schreibenlernen spricht. Dass beim Schreiben mit der Hand mehr kortikale Strukturen aktiviert werden als beim bloßen Antippen eines Buchstabens, könnte sich als Vorteil erweisen. Im Übrigen, so der Kölner Faktencheck, sollten die Kinder in der Grundschule nicht nur das eine oder das andere erlernen, sondern sowohl das Schreiben mit der Hand als auch das Tastaturschreiben.[4] Nicht unerwähnt bleiben darf allerdings, dass es bei spezifischen Beeinträchtigungen der (fein)motorischen Fertigkeiten oder der Sinnesorgane für die Betroffenen ein Segen ist, dass es die digitalen Schreib- und Lesemöglichkeiten überhaupt gibt. Ganz unabhängig von der Frage des Tastaturschreibens wird in der Grundschuldidaktik seit längerem schon diskutiert, ob man den Kindern neben der Druckschrift (die mit ihren unverbundenen Buchstaben bereits das Tastaturschreiben bahnt) überhaupt eine Schulausgangsschrift mit verbundenen Buchstaben beibringen soll. Diese Debatte wird hier nicht referiert.

Weil digitale Medien aus unserer Gesellschaft nicht mehr wegzudenken sind und bereits von kleinen Kindern mit großer Selbstverständlichkeit verwendet werden, wird in Teilen der Grundschuldidaktik nicht selten für den Einsatz von Tablet und Digitalstift (bzw. Bildschirm und Tastatur) bereits im Anfangsunterricht plädiert. So könnte man die den Kindern schon vertrauten kulturellen Ausdrucksformen auch für das Lesen- und Schreibenlernen nutzen. Dabei sollten Tablet und Digitalstift nicht als Ersatz für das Handschriftliche verwendet werden, sondern ergänzend dazu. »Die Kinder dort abholen, wo sie bei ihrer alltäglichen Mediennutzung ohnehin schon sind«, heißt es dann manchmal. Auch für den Sach- und Englischunterricht in der Grundschule wird der Einsatz von audiodigitalen Hör- und Sprechstiften beworben, um durch die Vorlesefunktion einen »zusätzlichen Sinneskanal« zu aktivieren. Die auf spezifische Buchvorlagen oder auf Spiele abgestimmten TING- oder tiptoi-Lesestifte sind Beispiele dafür. Sie lassen sich unterstützend und ergänzend einsetzen – aber eben auch den Sprachinput der Lehrperson ersetzend. Darüber hinaus gibt es unzählige pädagogische Apps, die ganz ohne papierenes Material auskommen. Oft ist das Plädoyer für die elektronischen Stifte und Apps verbunden mit positiven Erfahrungsberichten und mit Hinweisen darauf, dass der Einsatz der medialen Innovationen nicht nur praktikabel und motivierend sei, sondern auch didaktisch gut begründbar (Binnendifferenzierung).[5]

Überzeugen kann diese mediale Argumentation nicht unbedingt. Man darf schon nach dem digitalen Mehrwert fragen, bevor gesamtgesellschaftliche Digitalisierung und Digitalität zum Maßstab für die Gestaltung von Lehr- und Lernprozessen im Kindesalter gemacht werden. Überzeugender sind da die aus dem Tübinger Leibniz-Institut für Wissensmedien berichteten Befunde über die Nützlichkeit des Tastaturschreibens für die Rechtschreibgenauigkeit und das Korrekturverhalten von Kindern mit einer bereits diagnostizierten Lese-Rechtschreib- oder Rechtschreibstörung. Sie profitierten nämlich mehr von der Computernutzung als andere Kinder. Sowohl beim Abschreiben eines Textes als auch bei der freien Textproduktion arbeiten sie weniger fehleranfällig als mit der Hand und machten mehr Selbstkorrekturen. Ebenfalls reduzierten sich Fehler bei der Groß- und Kleinschreibung.[6] Auch aus anderen Studien weiß man, dass schwache Leserinnen und Leser davon profitieren, wenn Seitenlayout, Typografie, Schriftgrad (größer) und Zeilen- und Buchstabenabstand (größer) an ihre besonderen Bedürfnisse angepasst werden. Es ist offensichtlich, dass solche Adaptationen mit digitalen Lesetexten sehr viel einfacher zu bewerkstelligen sind als bei gedruckten Texten. Individuelle Förderung ist so leichter möglich. Neben größeren Abständen zwischen den Buchstaben erleichtert es das Lesen und Textverstehen offenbar auch, wenn weniger Worte pro Zeile zu sehen sind. Wenn es um das Online-Lesen multipler Texte geht, brauchen die lese- und lernschwachen Kinder und Jugendlichen allerdings weitere Unterstützung, weil sie langsamer lesen und meist nicht über die notwendigen Lesestrategien verfügen.

Für Kinder und Jugendliche mit einer Aufmerksamkeitsdefizit-/Hyperaktivitätsstörung (ADHS) ist die Befundlage uneinheitlich. Einige Studien sprechen dafür, dass sie vom Lesen auf digitalen Endgeräten profitieren, weil sie motivierter und mit mehr Engagement an die digitalen Texte herangehen. Dieser Neuigkeitseffekt des Mediums ist aber nicht von Dauer. Andere Studien weisen darauf hin, dass die ADHS-Kinder das Bildschirmlesen längerer Texte nicht so gut bewältigen wie das Lesen längerer Texte auf Papier. Erst recht tun sie sich beim Online-Lesen multipler Texte schwer – wiederum vor allem dann, wenn es sich um längere Texte handelt und wenn längere Videos eingebunden sind. Das Aufrechterhalten und Fokussieren der Aufmerksamkeit ist ja gerade eine ihrer größten Herausforderungen. Bei den Potenzialen der digitalen Darbietungen für Kinder und Jugendliche mit besonderen Bedürfnissen darf man demnach die notwendigen Erfordernisse und Herausforderungen, die mit dem Gebrauch der digitalen Angebote einhergehen, nicht aus dem Blick verlieren.[7] Auch für Kinder ohne besondere Bedürfnisse kann das digitale Lesen motivationsförderlich sein. Natalia Kucirkova hat in ihrem bereits erwähnten Leitfaden für den Grundschulunterricht auf interessante Möglichkeiten der Personalisierung von E-Books hingewiesen.

■ AB DEM 8. LEBENSJAHR: LESEN, UM ZU LERNEN – UND ZUM VERGNÜGEN

Im Anschluss an den Erstlese- und Schreibunterricht wird gelesen, um zu lernen und – so der Idealfall – zum eigenen Vergnügen. Lernen können Kinder sowohl aus Sachtexten als auch aus narrativen Texten, wobei zumindest die letzteren nicht nur in schulischen Zusammenhängen, sondern auch in der Freizeit gelesen werden, jedenfalls, wenn man schon gut genug lesen kann. Wenn die 8- bis 10-Jährigen auf der Wort- und Satzebene bereits hinreichend flüssig lesen können, werden sie im Unterricht Ganzschriften lesen und auch in ihrer Freizeit zunehmend Bücher und andere Textformate. Selbst wenn dies digital geschieht, werden es zunächst vornehmlich *Einzeltexte* sein. Ein Print-Digital-Vergleich entspricht somit dem, was eingangs als Vergleich zwischen den traditionellen Texten auf Papier und den digitalen Klonen der analogen Texte bezeichnet wurde. Weil es für die Altersgruppe der 8- bis 10-Jährigen kaum solche Vergleichsstudien gibt, werden für den Print-Digital-Vergleich auf der Ebene von Einzeltexten die älteren Kinder und Jugendlichen gleich miteinbezogen. Später werden wir uns mit *multiplen Texten* befassen.

Einzeltexte lesen

Große Vorteile sind für diese Art des Bildschirmlesens eigentlich nicht zu erwarten, aber auch keine gravierenden Nachteile, wenn ein Bildschirm anstelle des bedruckten Papiers zum Einsatz kommt, um einen singulären Text zu lesen. Anfangs entsprachen die Ergebnisse der empirischen Studien auch diesen Erwartungen. Es gab nur geringfügige oder gar keine Unterschiede beim Verstehen und Behalten der (Sach-)Texte und bei den narrativen Texten erst recht keine. Neuere Studien weisen allerdings vermehrt auf Nachteile des digitalen Lesens hin. In einer israelischen Studie mussten Fünftklässler kurze Texte entweder auf Papier oder auf dem Bildschirm lesen und danach Fragen zu diesen Texten beantworten. Wenn sie im Printmedium gelesen hatten, konnten sie mehr Fragen richtig beantworten. Die Kinder selbst hätten das übrigens nicht gedacht und auch nicht so eingeschätzt. Ganz unabhängig von individueller Medienpräferenz, der eigenen Medienerfahrung und der Lesekompetenz waren sie sich der Tatsache nicht bewusst, dass sie am Bildschirm schlechter lernten. Auch in einer italienischen Studie mit Achtklässlern und in einer norwegischen Studie mit Zehntklässlern waren die Leistungen beim Bildschirmlesen schlechter als beim Lesen auf Papier.[8] In allen drei Studien waren altersangemessen schwierige Sachtexte zu lesen. Was die unzulänglichen Selbsteinschätzungen beim Bildschirmlesen betrifft, so scheinen diese recht universell zu sein: Jugendliche und junge Erwachsene ahnen zwar eher als Kinder, dass sie das am Bildschirm Gelesene schlechter behalten, aber auch sie überschätzen weiterhin – ganz anders als beim Printlesen – ihre tatsächlichen Behaltensleistungen.

Bildschirmunterlegenheit bei Sachtexten

Es gibt eine Reihe von Studien mit älteren Kindern und Jugendlichen, in denen sich dieses Befundmuster wiederholt. Vor allem Sach- und Informationstexte – also ein großer Teil des schulischen Lernmaterials – werden weniger gut verstanden und schlechter behalten, wenn sie am Bildschirm gelesen werden. Mehrere Metaanalysen verdichten diese Bildschirmunterlegenheit, im Sinne eines zwar kleinen, aber robusten Effekts, der für die 11- bis 17-Jährigen genauso zu beobachten ist wie für junge Erwachsene.[9] Die Erwartung, dass die Bildschirmunterlegenheit verschwinden würde, je älter die untersuchten Kinder und Jugendlichen wären, hat sich nicht bewahrheitet. Ebenso wenig, dass es einen epochalen Trend hin zu einer höheren digitalen Lesekompetenz geben würde. Nach dem Motto: Weil die heutigen Kinder und Jugendlichen von früh auf digital aufgewachsen sind, wird es bei ihnen nicht zu einer Bildschirmunterlegenheit kommen! Das Gegenteil ist der Fall: Die Differenzen zuungunsten des Bildschirmlesens sind in den neueren Studien eher größer als in den älteren. Eine längere (und größere) Erfahrung mit den digitalen Endgeräten hilft also nicht.

Wie Axel Kuhn und Svenja Hagenhoff vom Interdisziplinären Medienwissenschaftlichen Zentrum der Universität Erlangen-Nürnberg zu Recht anmerken, sind solche Print-Digital-Vergleiche allerdings von eingeschränkter Aussagekraft, weil dem Lesen auf Papier lediglich die bereits erwähnten »digitalen Klone« (die PDF-Abbilder) des gedruckten Textes auf dem Bildschirm gegenübergestellt werden. Das aber ist eine zum Scheitern verurteilte Imitation des bedruckten Papiers, die den Möglichkeiten des digitalen Mediums nicht gerecht wird.[10]

Wie kommt es zur *Bildschirmunterlegenheit?* Die bereits mehrfach erwähnten Metaanalysen sind ein probates Mittel, um die Ergebnisse vieler unterschiedlicher Einzelstudien, die es zum Print-Screen-Vergleich gibt, zusammenfassend zu bündeln. Sorgfältig durchgeführte Metaanalysen berücksichtigen dabei nur solche Einzelstudien, die gewissen Qualitätsmerkmalen genügen. Im Zuge von Metaanalysen richtet sich der Blick auf sogenannte Moderatoren der Wirksamkeit – das sind Faktoren, die auf das Ausmaß der Print-Screen-Differenzen Einfluss nehmen. Welche sind das? Auffällig ist zunächst einmal, dass sich die Bildschirmunterlegenheit unter *Zeitdruck* deutlicher manifestiert, als wenn sich die Untersuchungsteilnehmerinnen und -teilnehmer so viel Zeit zum Lesen nehmen dürfen, wie sie möchten. Ist ihnen allerdings die Bearbeitungszeit freigestellt, so hilft das nicht unbedingt. Denn nicht alle nehmen sich so viel Zeit, wie es gut für sie wäre. Bildschirmtexte werden meist schneller gelesen als ihre analogen Entsprechungen. Ein schnelleres und weniger sorgfältiges Lesen könnte also dazu geführt haben, dass die Texte weniger gut behalten werden. Offenbar verleitet das Bildschirmlesen zum rascheren und flüchtigeren Lesen. Selbstberichte lassen allerdings vermuten, dass es weniger an den kürzeren Lesezeiten als vielmehr an einem oberflächlicheren Leseverhalten liegt: Man huscht über den Text hinweg, lässt sich leichter ablenken und kann sich schlechter konzentrieren (▶ Kap. 6).

Auffällig ist auch, dass sich die digital Lesenden vergleichsweise früh sicher sind, einen Text verstanden zu haben – und dass dies seltener als beim Printlesen mit der Realität übereinstimmt: Man überschätzt sich. Das passt zur bereits erwähnten Tendenz zum schnelleren Lesen. Wer sich recht früh sicher wähnt, alles verstanden zu haben, wird die Lektüre früher beenden, um sich anderen Dingen zuzuwenden. Weshalb kommt es zu diesen *Fehleinschätzungen,* die sich nicht nur bei Kindern und Jugendlichen, sondern auch bei jungen Erwachsenen beobachten lassen? Eine Ursache mag darin liegen, dass das bloße Auffinden von Informationen mit dem Durchdringen bzw. Verstehen eines Sachverhalts verwechselt wird. Das Lesen auf einem digitalen Endgerät mag einen bestimmten Lesemodus auslösen, für den sich die digitalen Endgeräte besonders eignen: das *überfliegende* und *selektive Lesen* (Skimming und Scanning), also das gezielte Suchen nach Fakten, Daten oder Begriffen. Die am Verstehen orientierte Lektüre kommt dabei zu kurz – weil sie nicht für nötig gehalten oder aus den Augen verloren wird. Das aber wäre eine unpassende Einstellungssache, die mehr mit dem Kopf der Lesenden als mit den Eigenschaften des Präsentationsmediums zu tun hat. Solche leserseitigen Einstellungen nennt man auch *Mindsets.* Als Denkweisen bestimmen sie darüber, wie ernsthaft und mit welchem Aufwand wir uns einer Aufgabe zuwenden. Wer den Text auf dem digitalen Endgerät für leichter und schneller lesbar hält, strengt sich beim digitalen Lesen weniger an als beim Lesen auf Papier.[11]

Dysfunktionale Mindsets lassen sich verändern. Am Ende dieses Kapitels sowie im nachfolgenden Kapitel (▶ Kap. 6) werden Maßnahmen vorgeschlagen, wie man solch ungünstigen (Vor-)Einstellungen entgegenwirken kann. Der erste Schritt dazu ist, dass man sich dieser ungünstigen (Vor-)Einstellungen überhaupt bewusst wird. Bereits hier lässt sich festhalten: Es wird pädagogischer Hilfestellungen bedürfen, damit die Kinder und Jugendlichen zu einer akkurateren Selbsteinschätzung ihres Textverständnisses gelangen und damit sie die digitalen Texte verständnisorientiert und nicht nur überfliegend lesen.

Das Ausmaß der in den Studien aufgefundenen Bildschirmunterlegenheit hängt auch damit zusammen, wie dort das Textverstehen im Einzelnen erfasst wurde. Das berührt die unterschiedlichen Ziele und Verwertungsabsichten, mit denen wir an einen Text herangehen. Wenn im Anschluss an das Lesen konkrete *Fragen* nach einzelnen Sachverhalten gestellt wurden, war die Bildschirmunterlegenheit weniger stark ausgeprägt. Waren Fragen auf einem höheren Abstraktionsniveau zu beantworten, was ein gründlicheres Lesen voraussetzte, so waren die digital Lesenden deutlicher im Nachteil. Auch wenn es nötig war, Schlussfolgerungen aus dem Gelesenen zu ziehen, war die Bildschirmunterlegenheit größer. Hier spielen offenbar wiederum die Lesehaltung und die Voreinstellungen eine Rolle: Man nimmt das digitale Lesen zu leicht und verarbeitet das Gelesene nicht tief genug.

Es gibt eine Reihe weiterer Merkmale, die man als Ursachen für den Medieneffekt in Betracht ziehen könnte. Gesicherte Nachweise gibt es aber nicht. Das gilt etwa für die Frage, ob die *Länge der Texte* mit darüber entscheidet, ob es zu einer Bildschirmunterlegenheit kommt oder nicht. Zunächst einmal scheint die Sache klar: Je länger die Texte, desto eher kommt es zu einer Bildschirmunterlegenheit. Zugleich aber gilt: Mehr als 400 bis 500 Wörter werden nicht auf einen Bildschirm passen. Wenn also längere Texte beim digitalen Lesen weniger gut verstanden und behalten werden, kann das auch an der Notwendigkeit zum *Scrollen* liegen, also des sukzessiven Verschiebens des Textdarstellungsfensters. Diese Notwendigkeit gibt es bei den Papiertexten nicht. Dann wäre aber nicht die Länge der Texte das Problem, sondern die Erschwernis der Informationsverarbeitung aufgrund einer geringeren visuell-räumlichen Stabilität der Textvorlage.

Neben dem Scrollen, einer rascheren Ermüdung der Augen und einer reduzierten haptischen Erfahrung sind auch die leichter abschweifenden Gedanken (Mind Wandering) als mögliche Ursachen für die Bildschirmunterlegenheit ins Feld geführt worden. Überzeugende Belege gibt es dafür nicht. Auch beim Lesen papierener (Sach-)Texte können die Gedanken auf Wanderschaft gehen.

Der Bildschirmunterlegenheit in Bezug auf das Verstehen und Behalten von Sachtexten stehen allerdings einige *Vorteile* gegenüber. Dass die digitalen Texte leichter zu bekommen, oft kostengünstiger und allgegenwärtig verfügbar sein können und sich in ihrer Herstellung einfacher an die besonderen Bedürfnisse einzelner Kinder und Jugendlicher anpassen lassen, wurde bereits erwähnt. Hinzu kommt, dass sich für das überfliegende und das selektive Lesen elektronische *Suchfunktionen* nutzen lassen, die viel effizienter sind als das menschliche Auge. Und für die produktive schriftliche Weiterverwertung von gelesenen Textstellen lassen sich zeitsparend *Kopierfunktionen* nutzen (was allerdings einer Tendenz zum Plagiieren Vorschub leisten könnte).

Und wie ist es mit dem Unterhaltungslesen auf den elektronischen Geräten? Dort gibt es – nach allem, was man weiß – keine nennenswerte Bildschirmunterlegenheit. Die meisten Studien – das muss man allerdings einräumen – verwenden vergleichsweise kurze narrative Texte, die einen Umfang von nur wenigen Seiten aufweisen, oder sogar Texte, die auf eine einzige (Bildschirm-)Seite passen. Das entspricht nicht ganz der Realität des digitalen Unterhaltungslesens außerhalb des wissenschaftlichen Labors. In einer neueren Studie haben Wissenschaftlerinnen und Wissenschaftler aus Norwegen und Frankreich einen etwas längeren narrativen Text (28 Seiten) verwendet. Eine generelle Bildschirmunterlegenheit in Bezug auf das Verstehen und Behalten der Geschichte gab es nicht. Allerdings konnten sich die digital Lesenden weniger gut erinnern, was wo und wann in der Geschichte genau passiert war und wie die zeitlichen Ereignisabfolgen im Einzelnen waren. Aber darauf kommt es beim Unterhaltungslesen auch nicht unbedingt an.[12]

Zusammenfassend lässt sich für das (digitale) Lesen von Einzeltexten festhalten:
- Unter Zeitdruck werden digitale Texte weniger sorgfältig gelesen und weniger gut verstanden – vor allem leidet das tiefere Verstehen.
- Digitale Texte werden schneller gelesen.

- Leserinnen und Leser digitaler Texte unterschätzen die Textschwierigkeit und überschätzen ihr eigenes Leistungsvermögen.
- Suchfunktionen erleichtern das Auffinden von Informationen.
- Die Bildschirmunterlegenheit zeigt sich nur bei Sachtexten.

STRATEGIEN FÜR SINGULÄRE DIGITALE TEXTE

Strategien zur Förderung des Textverstehens bei singulären Papiertexten sind bekannt und es gibt eine Reihe bewährter Prinzipien und Trainingsprogramme zur Vermittlung und Einübung von Lesestrategien, die das Textverstehen fördern.[13] Besonders hilfreich sind elaborative Vorgehensweisen, die ein Verknüpfen der Textinhalte mit dem bereits vorhandenen (Vor-)Wissen erleichtern sollen, sowie reduktive Vorgehensweisen, die zu einer Verdichtung und Vereinfachung der Textinhalte führen. Beides sind Beispiele für kognitive Lesestrategien, die nachweislich das verstehende und schlussfolgernde Lesen fördern. Lesestrategien sind mentale Werkzeuge, deren Handhabung »sichtbare Spuren« auf dem Papier hinterlassen kann. Mindestens genauso wichtig sind die metakognitiven Lesestrategien, die den gesamten Leseprozess sowie die genannten strategischen Aktivitäten auf einer höheren Ebene überwachen und steuern. Überdies fördern die Vermittlung und das Nutzen von Textsorten- und Textstrukturwissen das Textverstehen.

Nun zu den singulären digitalen Texten. Die gerade genannten Lesestrategien helfen auch beim Lesen digitaler Texte. Sie reichen aber nicht aus. Es liegt in der Verantwortung und im Interesse der Lesenden selbst, ihr strategisches Repertoire so zu erweitern, dass die zusätzlichen Herausforderungen digitaler Texte zu bewältigen sind. Im Schulalter liegt es zudem in der Verantwortung der Lehrkräfte, die Kinder und Jugendlichen dabei zu unterstützen und anzuleiten.

Die Befunde zum Print-Screen-Vergleich singulärer Texte liefern Anhaltspunkte, wo sich ansetzen lässt. Weil wir Texte auf elektronischen Medien offenbar flüchtiger und weniger sorgfältig lesen und weil das digitale Format zum oberflächlichen Querlesen und Überspringen zu Lasten des Textverstehens verleitet, scheinen Maßnahmen vielversprechend, die genau hier ansetzen. Allerdings dürfte es nicht ausreichen, digitale Texte einfach mit einem Warnhinweis zu versehen: *Nimm dir Zeit! Lies nicht so oberflächlich! Lass dich nicht ablenken! Sei realistisch!* Vielmehr muss man die Lesenden behutsam, aber bestimmt zum verständnisorientierten Lesen drängen. Auch die richtigen Lesestrategien zum Umgang mit analogen Texten erwirbt man nicht aufgrund bloßer Empfehlungen!

Naomi Baron hat für das digitale Lesen von Einzeltexten eine Reihe von Empfehlungen formuliert, die sich sowohl auf den Verantwortungsbereich und auf die Handlungsmöglichkeiten von Lehrpersonen beziehen als auch auf die Verantwortlichkeit der Jugendlichen selbst.[14] Demnach rahmen die Lehrkräfte das digitale Lesen ihrer Schülerinnen und Schüler günstig, wenn sie

- einen klaren Leseauftrag erteilen und die Fragestellung oder Zielsetzung der Lektüre vorab präzisieren,
- für die spätere Leistungsüberprüfung Verständnisfragen und schlussfolgernde Fragen ankündigen, um der Tendenz zum überfliegenden und selektiven Lesen zu begegnen,
- bereits während der Lektüre zu beantwortende Fragen einstreuen und Zusammenfassungen (in eigenen Worten) verlangen, um der Tendenz zum schnellen Lesen entgegenzuwirken,
- im Offline-Modus lesen lassen, um Ablenkungen zu minimieren,
- geeignete Lesestrategien vermitteln sowie Strategien zur Selbstregulation des eigenen Leseverhaltens und
- metakognitive Kompetenzen fördern, um eine realistischere Selbsteinschätzung zu ermöglichen.

Der letztgenannte Punkt ist deshalb von Bedeutung, weil er die Problematik der ungünstigen *Mindsets* adressiert. Wo das Lesen digitaler Texte für einfacher gehalten wird, strengt man sich weniger an – und versteht die Textinhalte weniger gut. Aber man merkt es nicht. Um dieser »Verständnisillusion«[15] nicht zu erliegen, muss die (metakognitive) Überwachung des eigenen Leseprozesses gestärkt werden. Eine israelische Studie hat gezeigt, dass das wiederholte (erzwungene) Formulieren von Schlagwörtern und kurzen Zusammenfassungen während des Lesens sowohl die Bildschirmunterlegenheit beim Textverstehen auszugleichen vermag als auch die Tendenz zur Selbstüberschätzung verringert.[16]

Und was können die Kinder und Jugendlichen selbst tun? Beim digitalen Lesen von (längeren) Sachtexten empfiehlt es sich
- langsamer zu lesen,
- sich nicht zu überschätzen,
- sich nicht ablenken zu lassen (z. B. Benachrichtigungsfunktionen auf dem Lesegerät auszuschalten),
- das Bildschirmlesen mit dem Lesen auf Papier zu kombinieren,
- individuell oder kollaborativ digitale Notizen zu machen
- und alle Anstrengungen zu unternehmen, die generell zu einer tieferen Informationsverarbeitung führen.

Über die Wirksamkeit weiterer Maßnahmen gibt es keine gesicherten Erkenntnisse. Was das Problem des *Scrollens* betrifft: Möglicherweise kann hier ein elektronisches Umblättern (Paging) abhelfen, das ein höheres Maß an visuell-räumlicher Stabilität verspricht. So gibt es einige Befunde, die darauf hindeuten, dass elektronische Texte, bei denen nicht gescrollt werden muss, besser verstanden werden. Es gibt aber auch Studien, die zu anderen Ergebnissen gelangen. Nicht selten wird in den empirischen Studien das Thema Scrollen bewusst gemieden, weil die am Bildschirm präsentierten Texte so kurz sind, dass sie auf eine Seite passen. Besonders viel muss naturgemäß beim Lesen auf dem Smartphone gescrollt werden. Die besondere Problematik des Scrollens wird darin gesehen, dass den Texten dann die sichtbaren Begrenzungen fehlen. Diese seien aber notwendig, um sie mental leichter repräsentieren und verorten zu können.[17]

Gelegentlich ist die Vermutung geäußert worden, dass das digitale Lesen auf *Tablets* dem Lesen auf *Laptops* überlegen sei – und dass es beim Tablet zur Bildschirmunterlegenheit vielleicht gar nicht kommen würde. Eine chinesische Forschergruppe hat dazu eine typische Versuchsanordnung mit drei Vergleichsgruppen realisiert und zudem das Ausmaß der Vertrautheit mit den Tablets erfasst.[18] Für das oberflächliche Textverstehen (Multiple-Choice-Fragen beantworten) waren keine Leistungsunterschiede zwischen den Probanden der Tablet- und der Papier-Gruppe festzustellen. In der Laptop-Gruppe zeigten sich hingegen – wie von den Autoren erwartet – schlechtere Leistungen. Interessant ist der Befund für das tiefere Textverstehen (eine Zusammenfassung schreiben): Die mit dem Tablet bereits vorab Erfahrenen schlossen nun zum Leistungsniveau in der Papier-Gruppe auf, die Unerfahrenen aber nicht. Es ist allerdings unklar, ob dies tatsächlich am digitalen Endgerät (Tablet statt Laptop) gelegen hat, am Ausmaß der Vertrautheit mit dem Endgerät – oder am Ende doch am Scrollen. Nur in der Laptop-Gruppe musste nämlich gescrollt werden, während beim Lesen auf dem Tablet, wie beim Lesen auf Papier, geblättert wurde.

Unter den oben empfohlenen Vorgehensweisen waren auch die digitalen *Notizen* genannt worden. In der analogen Welt auch als Marginalien, Annotationen oder ergänzende Randbemerkungen bezeichnet, fördern Notizen das konzentrierte, gründliche Lesen – wenn es die richtigen Notizen sind! Wer Notizen macht und Zusammenfassungen schreibt, liest zwar langsamer, behält das Gelesene aber dauerhafter. Wenig ist allerdings gewonnen, wenn man wortwörtlich aufschreibt, was man gelesen oder gehört hat – eine Gefahr, die besteht, wenn zum Mitschreiben die Tastatur genutzt wird.

In der digitalen Welt ist auch ein gemeinschaftliches Arbeiten an elektronischen Inhalten und das Teilen von Anmerkungen in offenen Systemen (Social Annotations) möglich. Für elektronische Texte im Word-, PDF- oder im EPUB-Format gibt es eine Reihe von Möglichkeiten, strukturierende Marginalien einzufügen. Auch grafische Notizen (Concept Maps) und Spracheingaben (Voice Memos) sind möglich. Die Nutzung von Schreibstiften auf Tablets simuliert das Schreiben auf Papier und ermöglicht so die Anmutung eines handschriftlichen Crossovers. Die für das digitale Notieren notwendigen Fertigkeiten zu erlernen, dürfte nicht das Problem sein. Schwieriger ist die Entscheidung, was zu notieren ist und wie eine Notiz aussehen soll. Auch Notizen machen muss gelernt werden.[19]

Mehrere Texte lesen

Was unterscheidet eigentlich das Lesen mehrerer (multipler) Texte vom Lesen eines einzelnen (singulären) Textes? In der *analogen Welt* lässt sich die Frage leicht beantworten: die bloße Anzahl! Im einen Fall ist es nur einer, im anderen Fall sind es mindestens zwei. Schwieriger und zeitaufwendiger ist das Verstehen und Behalten mehrerer Texte nicht unbedingt, denn auch ein Einzeltext kann wenig kohärent sein und Aussagen enthalten, die einander widersprechen. Schon das Lesen von Einzeltexten erfordert *intratextuelle* Integrationsleistungen (Integrationsleistungen innerhalb eines Textes), also das Verknüpfen von (ggf. widersprüchlichen) Aussagen. Man denke nur an ein Lehrbuch, in welchem unterschiedliche Positionen dargestellt und Entwicklungslinien nachgezeichnet werden. Deswegen kann es auch auf der Ebene von Einzeltexten durchaus herausfordernd sein, zu einer kohärenten mentalen Repräsentation des Textinhalts zu gelangen, den Text in eigenen Worten zusammenzufassen oder kritisch zu bewerten.

Für multiple Texte, die in einem inneren Zusammenhang zu lesen sind, gilt dies erst recht. In Bildungsinstitutionen wie der Schule oder der Universität ist es üblich, Kindern, Jugendlichen und Erwachsenen Arbeitsaufträge zu erteilen, die das Lesen, das Zueinander-in-Bezug-Setzen, Integrieren und Bewerten multipler Texte umfassen. Multiple Texte werden präsentiert, gerade weil sie unterschiedliche Sichtweisen auf eine Thematik eröffnen. Das Verstehen und In-Bezug-Setzen dieser Sichtweisen gelingen durch das Lesen (getrennter) multipler Texte offenbar besser, als wenn die konfligierenden Informationen innerhalb eines einzelnen (singulären) Textes präsentiert werden. Vermutlich liegt das in einer erzwungenermaßen tieferen Informationsverarbeitung begründet, also in einem weniger oberflächlichen Lesen.[20]

In der *digitalen Welt* muss man etwas weiter ausholen und eine zusätzliche Differenzierung einführen, denn es macht einen Unterschied, ob die digitalen Texte online oder offline gelesen werden. Das digitale *Offline-Lesen* mehrerer Texte ähnelt dem analogen Lesen mehrerer Texte auf Papier – allerdings verbunden mit dem Vorteil einer ortsungebundenen Zugänglichkeit, sofern die digitalen Texte auf dem jeweiligen Endgerät lokal gespeichert sind und die Stromversorgung sichergestellt ist. Nachteile kann es beim Offline-Lesen mehrerer Texte allerdings auch geben, wenn etwa das digitale Notizenmachen oder das Zurückblättern innerhalb der einzelnen Texte erschwert ist. Weitere mögliche Nachteile, wie die fehlerhaften Selbsteinschätzungen des Textverstehens, eine leichtere Ablenkbarkeit und die Tendenz zum oberflächlichen Lesen, sind bei den Ausführungen zur Bildschirmunterlegenheit bei Einzeltexten bereits erwähnt worden. Es ist wahrscheinlich, dass sich diese Nachteile beim digitalen Lesen multipler Texte ebenso zeigen werden.

Das digitale Offline-Lesen – ganz gleich, ob einzelne oder mehrere Texte zu lesen sind – ist aus kognitionspsychologischer wie aus mediendidaktischer Sicht allerdings wenig interessant.[21] Der Grund dafür ist derselbe, wie im Zusammenhang mit den nicht animierten elektronischen Bilderbüchern bereits ausgeführt (▶ Kap. 3): Wo es sich bei den Bildschirmtexten nur um digitale Klone eines analogen Angebots handelt, werden die digitalen Trägermedien weit unter Wert genutzt. Es wird mit angezogener Handbremse und gedrosselter Motorleistung gefahren. Zudem muss man sich mit der Problematik der Bildschirmunterlegenheit herumschlagen. Man handelt sich sozusagen alle Nachteile der digitalen Medien ein, ohne ihre Vorteile nutzen zu können. Deshalb werden wir uns im Folgenden hauptsächlich mit dem *Online-Lesen* multipler Texte beschäftigen. Sie sind das eigentliche digitale Versprechen.

In der kognitionspsychologischen Leseforschung ist es üblich, von *multiplen Dokumenten* statt von multiplen Texten zu sprechen. Das lässt sich in zweierlei Hinsicht gut begründen: (1) Der Dokumentenbegriff ist breiter gefasst. Ein Text ist ein Schriftstück mit sprachlich kodierten Inhalten. Ein Dokument beinhaltet diesen Text, enthält aber darüber hinausreichende Bezüge, die mit seiner Intention, Verwertung, Vermittlung oder Herkunft zu tun haben können. Diese Bezüge nennt man auch Metadaten. Sie betreffen etwa die intendierte Adressatengruppe eines Textes, den Anlass oder die Zielsetzung, weshalb ein Text verfasst wurde, sein Erscheinungsjahr, die Urheberschaft und auch die Quelle, wo der Text veröffentlicht wurde bzw. wo man ihn gefunden hat. Das gilt für analoge Texte genauso wie für digitale. (2) Der Dokumentenbegriff schließt auch nichtsprachbasierte Inhalte ein. Schon wenn ein analoges Schriftstück Fotos und Abbildungen enthält, greift der übliche Textbegriff eigentlich zu kurz. Noch deutlicher zeigt sich dies bei digitalen Texten, am deutlichsten sicherlich bei jenen, die über das Schriftsprachliche und Statisch-Bildliche hinaus auditive oder audiovisuelle Erweiterungen oder Verknüpfungen enthalten.

Aus Gründen der Vereinfachung wird in den nachfolgenden Ausführungen dennoch am Begriff der multiplen Texte festgehalten und nur gelegentlich (mit gleicher Bedeutung) von multiplen Dokumenten gesprochen. Für das schulische Lernen wie für das wissenschaftliche Arbeiten ist das Lesen multipler Texte der Normalfall. Meist werden mehrere Primärtexte vergleichend gelesen und bestätigend, ergänzend oder widersprechend aufeinander bezogen. Oft werden diese Texte in pädagogischer Absicht von den Lehrpersonen gezielt (vor)ausgewählt. Oft müssen sie aber auch eigenständig recherchiert und ausgewählt werden: »Sollte es eine allgemeine Impfpflicht gegen das Corona-Virus geben? Informieren Sie sich aus öffentlich zugänglichen Quellen und begründen Sie Ihre Auffassung!«

Der Zürcher Leseforscher Maik Philipp hat skizziert, dass sich die (kognitiven) Leseprozesse beim Lesen mehrerer Texte nicht groß von jenen unterscheiden, die beim Lesen von Einzeltexten stattfinden.[22] Deshalb ist die Lesedidaktik multipler Texte eine Fortführung und Ergänzung der Didaktik des Lesens von Einzeltexten. Hier wie dort geht es zunächst einmal um zyklische, konstruktiv-integrative Verstehensprozesse, die eine innere Vorstellung des Gelesenen zur Folge haben (▶ Kap. 2). Globale Kohärenz innerhalb eines Einzeltextes wird erreicht, wenn der Textinhalt intratextuell (für sich) verstanden und zum eigenen Vorwissen und zum Leseziel in Bezug gesetzt wird. »Sie haben Ihr Ziel erreicht!« Allerdings kann dies beim Lesen multipler Texte nur ein Etappenziel sein. Die (Etappen-)Zielerreichung ist nur vorläufig und vorbehaltlich des Lesens der anderen Texte. Denn im Lichte der anderen Texte können sich die mentalen Repräsentationen eines zuvor gelesenen Textes durchaus verändern.

Multiple Texte müssen nicht nur jeder für sich, sondern auch in ihrer Gesamtheit verstanden und zueinander in Bezug gesetzt werden. Wenn aber Informationen unterschiedlicher Herkunft über die Texte hinweg, also intertextuell, kombiniert und kohärent integriert werden müssen, dann ist es nicht unwichtig, die Herkunft und Glaubwürdigkeit der Texte mit in die Überlegungen einzubeziehen. Denn das intertextuelle Kombinieren und Integrieren wird bei konfligierenden Informationen nicht ohne Entscheidungen möglich sein, welchen Argumenten und welchen Texten man mehr Vertrauen entgegenbringt als anderen. Informationen über die Herkunft und Seriosität eines Textes könnten dabei ein mögliches Entscheidungskriterium sein. Zwingend ist es natürlich nicht, dass sich die Inhalte von Texten widersprechen. Aber anders als bei wissenschaftlichen Abhandlungen oder in Lehrbüchern, die in aller Regel unterschiedlichen Sichtweisen Raum geben, wird es bei den im Internet gefundenen Texten häufig so sein, dass sie eher einseitig argumentieren.

Unvorstellbar groß ist allerdings die Zahl der Texte im Internet, die man finden und lesen kann. Umso wichtiger zu erkennen, wer diese Texte mit welcher Absicht in Umlauf bringt. Völlig zu Recht hat Maik Philipp (2020, S. 13) darauf hingewiesen, dass zwar der Umgang mit widersprüchlichen Texten unklarer Herkunft kein gänzlich neues Phänomen ist, dass es aber über das Internet »mit historisch neuer Wucht auf potenziell jede Person trifft«. Genau an dieser Stelle ist der Begriff der multiplen Dokumente wiederum hilfreich, weil das Dokument – wie oben bereits erwähnt – zusätzlich zum Textinhalt herkunftsbezogene Angaben enthält, die Metadaten. Mithin gibt es im Wesentlichen zwei zusätzliche Anforderungen, die beim verbundenen Lesen mehrerer Texte zu bewältigen sind:
- das *intertextuelle,* text- bzw. dokumentenübergreifende *Integrieren* von Informationen aus unterschiedlichen Texten[23] und
- das Einbeziehen von Informationen über die Informationen, also das Nutzen von *Metadaten.*[24]

Das Integrieren und Verschmelzen von Informationen aus unterschiedlichen Texten vollzieht sich nicht unabhängig von der Quellenprüfung (Sourcing), sondern parallel dazu. Das gilt für das analoge wie für das digitale Lesen. Beim Lesen mehrerer digitaler Texte, zumal beim webbasierten Online-Lesen und dem eigenständigen Recherchieren (Navigieren) und Lesen von Texten im Internet, ist der Umgang mit Metadaten allerdings von besonderer Bedeutung, weil eine riesengroße Anzahl von Dokumenten jeweils nur einen Mausklick entfernt ist – und damit besonders leicht zugänglich. Nicht immer erschließen sich allerdings die Metadaten der aufgefundenen Dokumente auf den ersten Blick. Gelegentlich sind Herkunft und Interessenlage einer Darstellung in manipulativer Absicht sogar bewusst verborgen.

Es ist offensichtlich, dass mit diesen zusätzlichen Anforderungen beim Lesen mehrerer Texte auch Mehrbelastungen im Hinblick auf die Informationsverarbeitung verbunden sind. Die *Mehrbelastungen* nehmen weiter zu, wenn es sich bei den multiplen um digitale Texte handelt, die online gelesen werden – und wenn sie als Hypertexte multimodale Darstellungselemente (also Text, Ton und Video) miteinander kombinieren. Die Mehrbelastungen betreffen die Fokussierung der Aufmerksamkeit, die Beanspruchung des (visuellräumlichen) Arbeitsgedächtnisses sowie die Anforderungen an die exekutiven und metakognitiven Kontrollprozesse.[25] Wieder ist in diesem Zusammenhang auf die Theorie des multimedialen Lernens zu verweisen und auf die begrenzten Ressourcen menschlicher Informationsverarbeitung (▶ Kap. 4).

Zu den oben bereits genannten Strategien, die beim Lesen singulärer digitaler Texte hilfreich sind, müssen bei den multiplen Texten weitere Strategien hinzukommen, die a) das intertextuelle Zusammenführen (Integrieren) sowie b) das Erkennen und Nutzen der jeweiligen Metadaten (Sourcing) betreffen. Erst recht, wenn es um das Online-Lesen multipler Dokumente geht und um das Lesen von Hypertexten. Dort ist, den eigentlichen Integrations- und Sourcingprozessen vorgeordnet, auch noch c) das strategische und kompetente Navigieren im Internet zu nennen, also das Suchen und Finden von Texten. Um das Zusammenspiel von Integrations- und Sourcing-Prozessen beim Online-Lesen (wie beim Lesen multipler Texte überhaupt) zu beschreiben, sind eine Reihe theoretischer Modelle entwickelt worden, die hier nicht referiert werden können. Sie haben gemein, dass bei (erkannt) widersprüchlicher Informationslage Konfliktauflösungen über die Bewertung von Metadaten, über Zusatzinformationen und über den Abgleich mit dem eigenen Vorwissen angestrebt werden.[26]

Soweit die Theorie. In der Praxis sind solche Konfliktlösungen keineswegs so rational, wie es sich hier anhört. Leserseitige Überzeugungen beeinflussen und verzerren die *intertextuellen* Integrationsprozesse, denn jede Bedeutungskonstruktion ist subjektiv. Das ist schon beim Lesen singulärer Texte so, also bei der Bedeutungskonstruktion innerhalb eines Einzeltextes. Und beim Navigieren im Internet, also beim Suchen und Finden solcher Texte, im Übrigen auch schon. Wo das leserseitig (top-down) vorhandene Vorwissen bei den Integrationsprozessen ins Spiel kommt, kann dieses Vorwissen natürlich auch Halbwissen oder Überzeugungswissen sein. Zu individuellen (Vor-)Einstellungen oder persönlicher Voreingenommenheit sowie zu subjektiven Überzeugungen, die mit der objektiven Realität nicht unbedingt korrespondieren müssen, ist es da nicht weit. Kohärenzen sind auch in dieser Hinsicht stets subjektiv.

■ Mehrere digitale Texte lesen

Erst gegen Ende der Grundschuljahre werden multiple digitale Texte im Unterricht gelesen. Obgleich auch schon jüngere Kinder Informationen im Internet suchen und dabei zwischen verschiedenen Texten sowie Bild- und Tonmaterialien hin- und herspringen. In der Logik von *Digital lesen. Was sonst?* wollen wir nun wissen, was es für das Textverstehen bedeutet, wenn mehrere Texte am Bildschirm gelesen werden. Aber womit soll man das digitale Lesen der multiplen Dokumente vergleichen? Der Vergleich mit dem Printlesen ist – wie bereits erwähnt – nicht besonders ergiebig. Über den bereits bekannten Effekt der Bildschirmunterlegenheit hinaus sind keine neuen Erkenntnisse zu erwarten. Die Möglichkeiten der multiplen Digitaltexte gehen weit über das in der Printvariante Mögliche hinaus, weil sie neben der Einbindung des (bewegten) Bild- und Tonmaterials auch gänzlich andere (nichtlineare) Lern- und Lesewege eröffnen, die im Voraus nicht festgelegt sind.

Man wird also auf die Besonderheiten und Anforderungen der multiplen Texte selbst eingehen müssen, um ihre Potenziale und ihre Problematiken zu beurteilen. Deshalb kommen wir auf die Differenzierung zwischen dem Online- und dem Offline-Lesen zurück und betrachten im Folgenden das webbasierte *Online-Lesen*.

Wenn Sie dieses Buch als E-Book auf einem internetfähigen Gerät lesen, könnten Sie über eigens gekennzeichnete, oftmals blau unterstrichene Hyperlinks (https://de.wikipedia.org/wiki/Hyperlink) allerlei Verknüpfungen erreichen, die Sie zu Internetauftritten und zu Literaturquellen führen, also zu anderen Dokumenten – oder zu anderen Textstellen innerhalb dieses gerade geöffneten Dokuments. Jedenfalls dann, wenn die Verweise noch aktuell sind. In den meisten digitalen Texten, die auf einem internetfähigen Endgerät gelesen werden, führen solche Hyperlinks (kurz: Links) entweder zu Worterklärungen oder zu weiterführenden Hinweisen, aber auch zu Film- und Tondokumenten. Damit die Links funktionieren, muss Ihr Lesegerät allerdings diese Formate unterstützen. Besonders häufig sind die Inhalte von Sachtexten mit anderen Sachtexten verlinkt – so lässt sich hervorragend in die Breite recherchieren. Aber auch ohne Links führt eine Suchfunktion im zusätzlich geöffneten Browser des internetfähigen Lesegeräts rasch und unkompliziert zu hilfreichen Erklärungen, Übersetzungen und weiterführenden Informationen. Und zu allerlei, was nicht weiterführt. Fußnoten in gedruckten Texten lassen allenfalls erahnen, welche nichtlinearen Wege beim Lesen möglich sind. Eine für alle verbindliche Lesart gibt es dann nicht mehr.[27]

Ein Beispiel: Gibt man in einer Suchmaschine den Begriff *Lesekompetenz* ein, so führt einer der ersten Treffer auf die ausgezeichnete Seite https://de.wikipedia.org/wiki/Lesekompetenz. Dort einmal mit dem Lesen angefangen, kann man sich kompakt informieren sowie vertiefend als auch in die Breite gehend zu Einzelaspekten weitere Informationen einholen. Über das Anklicken von Links lassen sich nicht nur Worterklärungen und Definitionen anzeigen, sondern auch weitere Dokumente öffnen und lesen. Auch Dokumente zum Begriff des digitalen Lesens. Am Ende des Wikipedia-Eintrags zur *Lesekompetenz* stößt man auf einen Link zur bereits zitierten (und frei zugänglichen) Metaanalyse von Pedro Delgado mit dem schönen Titel: »Don't throw away your printed books!« Mit diesem Wikipedia-Eintrag haben wir eine gute Wahl getroffen, aber es gibt auch weniger zuverlässige Einträge.

Besser kann man die Vorzüge des Online-Lesens multipler Texte kaum aufzeigen. Für die Konnektivität durch die Hyperlinks gibt es weder beim Offline-Lesen digitaler Texte noch beim Printlesen eine Entsprechung. Die Konnektivität muss man aber auch zielführend nutzen können! Ohne Sachkenntnis hätte man genauso gut auf einer anderen, weniger seriösen Seite landen können. Und wenn man es mit dem Suchbegriff *digitales Lesen* versucht hätte, so wäre man im Wesentlichen nur zu Amazon und zu den Verkaufsangeboten sowie Vergleichstests für E-Reader geführt worden.

Wenn man die Hypertexte einfach ausdruckt und samt ihren Verknüpfungen auf Papier lesen lässt, ist übrigens nichts gewonnen. Ladislao Salmerón von der Universität Valencia hat gezeigt, dass das intertextuelle Integrieren und das Nutzen der Metadaten dann auch nicht besser funktioniert. Es liegt also weniger am Bildschirm als vielmehr an der Struktur und an den besonderen Anforderungen der Hypertexte.[28] Andere Studien der spanischen Arbeitsgruppe führten ebenfalls zu interessanten Ergebnissen: (1) Die »richtigen« Seiten finden und gut navigieren können eher die älteren Jugendlichen sowie diejenigen, die auch mit den Einzeltexten auf Papier gut zurechtkommen. (2) Multiple Videos beeinflussen die Verstehensprozesse zwar nachhaltiger als multiple Texte. Sie haben aber eine oberflächlichere mentale Repräsentation zur Folge. (3) Durch ein geschicktes Modellieren, also beispielhaftes Vormachen eines kompetent-kritischen Hypertextlesens, lassen sich die entsprechenden Fertigkeiten der Schülerinnen und Schüler verbessern. Die Arbeitsgruppe aus Valencia bedient sich meist der Methode des lauten Denkens, um Aufschluss über die Navigations-, Integrations- und Bewertungsprozesse zu erlangen, analysiert aber auch die Blickrichtungsbewegungen mittels Eye-Tracking.

In der Printversion von *Digital lesen. Was sonst?* ist es nicht ganz einfach, die Besonderheiten des Online-Lesens zu beschreiben, ohne sie illustrieren zu können. Wesentlich ist: Das multiple Gegenstück zum digitalen Einzeltext wird *Hypertext* genannt. Hypertexte bieten neuartige Möglichkeiten der Informationspräsentation. Nutzen lassen sie sich nur beim Online-Lesen. Das Lesen von Hypertexten ist allerdings mit neuartigen Anforderungen verbunden, die bereits benannt wurden. Auch der Begriff der multiplen digitalen Dokumente ist gebräuchlich, wenn man die digitalen Hypertexte vom digitalisierten Einzeltext abheben will. Besser noch als die multiplen Texte verweisen die multiplen Dokumente auf den Umstand, dass es sich bei Hypertexten nicht um »geschlossene« Informationen handelt, die einfach auf dem Bildschirm dargeboten werden, sondern dass es um ein »offenes« Angebot aus Text, Ton, Bild und Film geht, das zu je eigenen Lesewegen, mit allen möglichen Unterbrechungen, Vertiefungen und Abschweifungen, geradezu einlädt. Mehr oder weniger bleibt es den Lesenden dabei selbst überlassen, welche Möglichkeiten sie nutzen. Wer einem Link folgt, begibt sich auf einen höchst individuellen Weg, der die Rezeption eines ganzen Textes verändern kann. Durch einen Mausklick hier oder dort werden Navigationsprozesse eingeleitet, die irgendwohin führen und mehr oder weniger zielführend sein können. Auch das Springen innerhalb eines Textes ist leicht möglich. Man kann sich denken, dass all dies Einige überfordern wird. Man kann sich auch vorstellen, dass es Anstrengung bedarf, um beim Lesen von Hypertexten nicht verloren zu gehen.

Kennzeichnend für das Online-Lesen ist ein vergleichsweise hoher Interaktionsgrad oder zumindest die Möglichkeit zur *Interaktivität*. Das Verlassen einer Webseite und das Wechseln zu einem anderen Text oder zu einem Video- oder Tondokument ist dabei nur eine mögliche Interaktionsform. Je nach digitaler Plattform kann man einen Text auch kommentieren oder weiterleiten (teilen). Interaktivität meint aber auch, dass die Navigationsangebote von Hypertexten in unterschiedlicher Abfolge genutzt werden können. Ein hohes Maß an Vorwissen, die Fähigkeit zur Aufmerksamkeitssteuerung sowie die Fähigkeit zur Überwachung und Regulation des eigenen Leseprozesses sind notwendig, damit aus den interaktiven Freiheiten keine Nachteile für das Textverstehen erwachsen. Interaktive Elemente können nämlich auch ablenken und stören. Aus motivationspsychologischer Sicht ist mit den hypermedialen Angeboten ein höheres Maß an Autonomieerleben verbunden, weil sie den Lesenden das Gefühl vermitteln, ihren Lernprozess selbst gestalten zu können.[29] Schon bei den Lese-Apps für Kinder im Vorschulalter war auf den motivationsförderlichen Aspekt dieser Interaktivität verwiesen worden (▸ Kap. 4).

Beim Online-Lesen werden wir nicht nur mit multiplen, sondern auch mit *multimodalen* Texten konfrontiert. Das heißt, es wird statisches Text- und Bildmaterial zusammen mit dynamischen Ton- und Bilddokumenten dargeboten – und über die unterschiedlichen Sinnesmodalitäten (Augen und Ohren) rezipiert. Dies verlangt beim Integrieren und Bewerten von Informationen aus den Dokumenten unterschiedlicher Modalität Entscheidungen darüber, wie die Sinneseindrücke zu gewichten sind. Auch hier kann das Heranziehen von Metadaten hilfreich sein. Bewegten Bildern kann man sich nur schwer entziehen. Es wird grundlegendes Wissen darüber nötig sein, welche Möglichkeiten, Begrenzungen und Manipulationspotenziale die jeweiligen Darstellungsformen aufweisen. Wie Bild- und Textanteile beim Lesen von Einzeltexten verarbeitet werden und wie leicht die Teilsysteme des Arbeitsgedächtnisses dabei überlastet werden können, wird in der Kognitiven Theorie des Multimedialen Lernens thematisiert. Dort wird auch behandelt, wie sich das *Problem der geteilten Aufmerksamkeit* bei der Textgestaltung angehen lässt. Beim Online-Lesen mehrerer verbundener Dokumente spielt das Problem der geteilten Aufmerksamkeit eine noch größere Rolle.

Zusammenfassend lässt sich für das Lesen multipler Texte festhalten:
– Neu sind die Erfordernisse des intertextuellen Integrierens sowie das Verarbeiten von und Verknüpfen mit Metadaten (Sourcing).
– Mit dem Offline-Lesen multipler Texte sind keine Vorteile gegenüber dem Lesen auf Printmedien verbunden.
– Mit dem Online-Lesen von Hypertexten sind zusätzliche Möglichkeiten und Anforderungen verbunden.

Strategien für das intertextuelle Integrieren

Maik Philipp und Naomi Baron haben Strategien für das Lesen multipler digitaler Texte zusammengestellt und sich dabei auf bereits vorhandene Systematisierungen gestützt. Zunächst einmal beziehen sich die Strategien auf die Prozesse des *intertextuellen Integrierens,* und damit auf das wichtigste Erfordernis beim Lesen mehrerer Texte. Sie unterscheiden sich kaum von den bei Papiertexten eingesetzten Strategien. In einer Open-Access-Publikation hat Philipp aus didaktischer Sicht die wichtigsten Lesestrategien wie »Notizen anfertigen«, »Hauptideen finden« oder »Zusammenfassungen schreiben« sowohl für den Umgang mit einzelnen als auch für das Lesen mehrerer Texte anschaulich illustriert:
▶ den Leseprozess bewusst verlangsamen,
▶ Inhalte eines (neuen) Textes aufgrund der vorangegangenen Lektüre eines anderen Textes vorhersagen,
▶ Informationen und Hauptideen in einem (neuen) Text auffinden und mit jenen aus einem zuvor gelesenen Text vergleichen,

- innerhalb eines Einzeltextes (intratextuell) vorläufige Bedeutungen konstruieren und in anderen Texten nach Informationen suchen, um Uneindeutigkeit zu reduzieren,
- Beziehungen zwischen Texten herstellen, Widersprüche identifizieren, ein textübergreifendes Thema erkennen,
- Organisationsstrategien nutzen, um intertextuell verbundene Informationen darzustellen (Notizen, Zusammenfassung, Concept Maps),
- Textteile im Lichte vorangegangener Lektüre erneut lesen.[30]

Soweit zu den Strategien des intertextuellen Integrierens. Sie lassen sich durch Anleitung vermitteln, modellieren und einüben. Wie man darüber hinaus Informationen über die Texte (Metadaten) nutzen kann, die zur Herstellung intertextueller Kohärenzen ebenfalls benötigt werden, wird im Folgenden behandelt. Die Sourcing-Strategien sind keineswegs nachgeordnet, denn die Sourcing-Prozesse spielen bereits während der intertextuellen Integration eine wichtige Rolle. Ohne Informationen über die Urheberschaft von Informationen bleibt jedes Textverstehen unvollständig, weil eine Glaubwürdigkeitsprüfung der Informationen fehlt. Besonders augenscheinlich wird die Bedeutsamkeit der Metadaten und ihre Verschränkung mit den Integrationsprozessen allerdings erst beim Online-Lesen.

Strategien für das Nutzen von Metadaten (Sourcing-Strategien)

Kinder und Jugendliche – ja selbst Erwachsene – verfügen oftmals nicht über die notwendigen Kompetenzen, die beim webbasierten Lesen einen verantwortlichen und kritischen Umgang mit den aufgefundenen Informationen ermöglichen. Bei den unter 10-Jährigen ist dabei zu bedenken, dass die Entwicklung von Aufmerksamkeit, Arbeitsgedächtnis und Metakognition, die für das kritisch-verstehende Lesen gefordert ist, längst noch nicht abgeschlossen ist. Für den (schulischen) Einsatz multipler digitaler Texte bei Kindern ist daher Zurückhaltung geboten – oder zumindest eine Berücksichtigung des individuellen Entwicklungsstands dieser Lernvoraussetzungen. Für alle anderen gilt, dass der Erwerb der für das Online-Lesen benötigten Kompetenzen durch pädagogische Maßnahmen zu unterstützen ist.

Dass das Identifizieren und Bewerten von *Metadaten* nicht einfach sind, zeigt eine in Kalifornien durchgeführte Studie, an der knapp 900 Schülerinnen und Schüler der Mittel- und Oberstufe teilnahmen. Erfasst wurde die Fähigkeit, beim Online-Lesen und beim Nutzen von Suchmaschinen bestimmte gesellschafts- und wirtschaftspolitische Zusammenhänge aufzufinden, einzuordnen, zu bewerten und zu verifizieren. Als »Civic Online Reasoning« (also staatsbürgerlich aufgeklärtes Online-Lesen) und als »Sorting fact from fiction« bezeichnen die Autorinnen und Autoren der Studie diese Fähigkeiten. Über alle Altersgruppen hinweg zeigten sich in mehrfacher Hinsicht erhebliche Defizite: (1) Weniger als 20 Prozent wussten, dass von Firmen oder Interessengruppen gesponserte Informationsportale problematisch sein können, (2) weniger als 10 Prozent konnten Werbung in Online-Magazinen überhaupt als solche identifizieren, (3) weniger als 10 Prozent konnten in Online-Magazinen Nachrichten von Meinungen und Kommentaren unterscheiden, (4) weniger als 10 Prozent konnten die unterschiedliche Beweiskraft von Argumenten erkennen, (5) weniger als 10 Prozent waren bereit, eine weitere als die zuerst gefundene Quelle zur Urteilsbildung heranzuziehen. In einer weiteren Studie mit fast 3.500 Jugendlichen waren die Fähigkeiten zur Quellenidentifikation und -prüfung noch schwächer ausgeprägt. Die gute Nachricht ist: Durch eine entsprechende Aufklärung und nach einem expliziten Training in Suchtechniken, Quellenprüfung und Informationsbewertung verbesserten sich diese Fähigkeiten (in der Anmerkung findet sich ein Link zu diesem Trainingsprogramm).[31]

Die folgende Auflistung ist als Ergänzung zum bereits für das digitale Lesen von Einzeltexten Genannte zu verstehen. Auch für den Umgang mit Hypertexten sind zunächst einmal konstruktiv-integrative Verstehenszyklen innerhalb von Texten und über Texte hinweg konstitutiv. Auch beim Lesen von Hypertexten wirken die text- und leserseitigen Verarbeitungsprozesse (bottom-up und top-down) zusammen und die oben bereits beschriebenen intra- und intertextuellen Integrationsleistungen müssen stets aufs Neue erbracht werden. Hinzu kommt nun die Verschränkung mit den Sourcing-

Prozessen, die eine kritische Bewertung und Einordnung der Informationen erlaubt:

- Metadaten (z. B. über die Autorin oder über Zeitpunkt und Ort der Texterstellung) identifizieren und nutzen, um Textinhalte zu beurteilen.
- Intentionalitäten und gegebenenfalls vorhandene Manipulationsabsichten erkennen. Wer steckt hinter der Information? Wer ist für eine Webseite verantwortlich?
- Mit kritisch-evaluativer Grundhaltung lesen: Wie gut sind die Argumente? Wie verlässlich die Quellen?
- Weitere Informationen einholen und nach zusätzlichen Quellen suchen: Gibt es eine »zweite Meinung«?
- Die Glaubwürdigkeit einzelner Dokumente vergleichend bewerten.

Maik Philipp hat darauf hingewiesen, dass auch die Metadaten der multiplen Dokumente, also die Informationen über die Informationen, ausgesprochen vielfältig und heterogen sein können – und gelegentlich einander widersprechend.[32] Insgesamt 26 mögliche Arten von Metadaten hat er mit entsprechenden Beispielen gelistet. Metadaten, die die Autorin oder den Autor kennzeichnen, können etwa den Status, den Expertisegrad, die Integrität oder die institutionelle Zugehörigkeit einer Person betreffen. Metadaten, die Darstellungsintention und -kontext kennzeichnen, können Textstil und -verständlichkeit, Wissenschaftlichkeit und Überzeugungskraft, aber auch Zeit und Ort der Texterstellung betreffen. Was aber, wenn eine (eigentlich) seriöse Wissenschaftlerin in einem Boulevardblatt schreibt? Oder eine (eigentlich) dubiose Person in einer hochangesehenen wissenschaftlichen Zeitschrift publiziert? Bereits bei der Online-Suche können die Metadaten eine wichtige Rolle spielen und die Entscheidung beeinflussen, ob ein Dokument überhaupt gelesen wird oder nicht.

Wem soll man glauben? Eine Münsteraner Arbeitsgruppe um Rainer Bromme und Marc Stadtler hat sich mit der Konfliktauflösung beim Lesen multipler Dokumente beschäftigt und insbesondere mit der Frage, wie Nichtkundige mit widersprüchlichen wissenschaftlichen Informationen umgehen.[33] In einer Interventionsstudie erhielten 15-Jährige Zugang zu sechs Webseiten mit Kurzbeiträgen (150 Wörter) zum künstlichen Süßstoff Aspartam und zu dessen gesundheitlicher (Un-)Bedenklichkeit. Die Quellen waren hinsichtlich ihrer Dignität und Interessenlage sichtbar different. In der Experimentalgruppe erhielten die Jugendlichen eine Vorabinformation (weitere 220 Wörter), in der sie über den kompetenten Umgang mit Internetdokumenten aufgeklärt wurden, insbesondere über die Notwendigkeit der Quellenprüfung. In der Kontrollgruppe war dies nicht der Fall. Interessant sind die Ergebnisse: (1) Die Metadaten der sechs Webseiten wurden häufiger angeschaut und die Inhalte der sechs Webseiten besser erinnert, wenn vorab über die Bedeutung quellenbezogener Metadaten informiert worden war. (2) Die »richtige« Schlussfolgerung, dass der Süßstoff gesundheitlich unbedenklich ist, wurde in der Experimentalgruppe häufiger gezogen. Eine vergleichsweise einfache Anleitung hat also bereits dazu geführt, dass mehr und in zielführender Weise auf die Metadaten der sechs Webseiten geachtet wurde.

Sourcing-Strategien können hilfreich sein, um Desinformationen aufzudecken und Fake News, also mit Täuschungsabsicht verbreitete Fehlinformationen, zu entlarven. Als strategisches, kritisch-evaluatives Lesen lässt sich diese Lesehaltung auch umschreiben. Aufwendig ist aber nicht nur die Quellenprüfung, sondern möglicherweise auch das gesamte Navigationsverhalten. »To click or not to click« ist eine Entscheidung, die dazu beiträgt, ob es am Ende länger oder kürzer dauert, bis eine Gewissheit erlangt wird. Kognitive Konflikte führen zwar zu längeren Lesezeiten, aber das Verfolgen von Hyperlinks führt auch dazu, dass konfligierende Informationen überhaupt wahrgenommen und erkannt und dass die Metadaten leichter mit den jeweiligen Textinhalten verknüpft werden.[34] Nur wer Widersprüche wahrnimmt, kann sie intertextuell auflösen und synthetisieren.

All das kostet kognitive Ressourcen. Links in einem Hypertext anzuklicken, beansprucht das Arbeitsgedächtnis, die Aufmerksamkeit und die Exekutivfunktionen – und schmälert so die für das tiefe und verstehende Lesen benötigten Ressourcen. Das bewusste Nicht-Anklicken von Links oder Animationen beansprucht ebenfalls die Exekutivfunktionen, denn auch die Inhibitionsprozesse, die den Impuls zum Klicken unterdrücken, sind nicht umsonst zu haben.

Hier wird deutlich, dass eine alleinige Fokussierung auf die Sourcing- und Integrationsprozesse zu kurz greift, wenn die beim kritisch-evaluativen Internetlesen anstehenden Herausforderungen betrachtet werden. Wenn die Webseiten oder Texte nicht von den Lehrpersonen in pädagogischer Absicht vorausgewählt wurden, sind es zunächst einmal die vorgeordneten individuellen Such- und Navigationsprozesse selbst, die das Online-Lesen ganz entscheidend prägen.[35] Nur was gefunden wird, kann auch gelesen werden. Eine Reihe von Trainingsmaßnahmen und Checklisten zum Online-Lesen – so das bereits erwähnte Civic Online Reasoning (COR) – beinhalten deshalb Empfehlungen und Bausteine zum Suchen und Navigieren. Schon das Suchen erfordert eine Reihe von Entscheidungen, die das nachfolgende Lesen bestimmen: Welchen Suchbegriff gebe ich ein? Welche Seite rufe ich zuerst auf? Wie lange bleibe ich auf einer Seite? Wie sorgfältig lese ich? Welchen Hyperlinks auf einer Seite folge ich und welchen nicht? Zum Speeddating mit einer aufgefundenen Seite sollte das leichte Suchen und Finden im Internet nicht verleiten. Und auch hinter einer professionell-ansprechenden Aufmachung kann sich inhaltlicher Unsinn verbergen. Nicht immer ist der erste Google-Treffer der für die Fragestellung wichtigste.

Byeong-Young Cho und Peter Afflerbach haben eine Checkliste zur Selbstprüfung mit 16 Fragen und ebenso vielen praktischen Anleitungen für das Online-Lesen zusammengestellt, die sich (1) auf das Suchen und Navigieren im Internet beziehen, (2) auf das Integrieren und Synthetisieren von Informationen aus unterschiedlichen Dokumenten, (3) auf das Beurteilen und Nutzen von Metadaten sowie (4) auf das Überwachen und Regulieren des gesamten Leseprozesses.[36] Die Checkliste zur Selbstprüfung verknüpft konkrete Situationen (»Wenn du ...«) mit der Aufforderung zur Selbstreflexion (»Dann frage dich, ...«) und Handlungsvorschlägen (»Dafür kannst du ...«). Das könnte dann etwa so aussehen: »*Wenn* du eine Website einschätzen möchtest, *dann* frage dich, wer sie verantwortet. *Dafür* kannst du nach Informationen über den Autor und über den Darstellungskontext suchen.« Andere Checklisten arbeiten mit vereinfachenden Faustregeln: »Endet eine gefundene Website auf .com (für geschäftlich) oder auf .org (für nichtkommerziell)? Im erstgenannten Fall heißt es: aufgepasst!«

Checklisten und Ratschläge müssen allerdings auch beherzigt werden, damit sie Wirkung entfalten. Oft ist ihr Nutzen begrenzt, weil es sich um vergleichsweise niedrigschwellige (implizite) Angebote handelt, die nicht aufgegriffen werden. Aber selbst das konsequente Abarbeiten einer Checkliste ist keine Garantie. In Bezug auf das Beurteilen von Internetquelleninformationen hat die zuvor erwähnte kalifornische Arbeitsgruppe gezeigt, dass etwa die beliebte CRAAP-Checkliste (Currency, Relevance, Authority, Accuracy, Purpose) nicht annähernd das Vorgehen beim professionellen Faktenchecken widerspiegelt (»Currency« steht im CRAAP-Akronym übrigens für Aktualität).[37] Eine explizite Form der Strategievermittlung, Erklären – Modellieren – Einüben, wie man es aus den klassischen Programmen zur Leseförderung bei Einzeltexten kennt, wäre wohl vielversprechender, als auf die impliziten Wirkungen von Checklisten zu vertrauen.

▰ Vorwissen und Überzeugungen ▰

Beim Lesen und Verstehen von Sachtexten – ob online, offline oder ausgedruckt – spielt das Vorwissen der Lesenden eine wichtige Rolle. Auch multiple Texte werden nicht ohne Vorwissen gelesen. Wie gut man mit Hypertexten umgehen kann, wie sorgfältig das Quellenstudium betrieben und ob nach alternativen Informationen überhaupt gesucht wird, hängt aber nicht nur von der Lesekompetenz und vom Vorwissen ab, sondern auch von den epistemischen Überzeugungen. *Epistemische Überzeugungen* sind Vorstellungen über die Natur des Wissens. Dazu gehören Vorstellungen darüber, wie man Wissen erwirbt. Zum Beispiel kann man Wissen für grundsätzlich wahr (oder falsch) und für objektivierbar halten oder man kann Wissen als mehr oder weniger wahrscheinlich, vorläufig und subjektiv verstehen. Es macht für die Informationssuche im Internet und für die Integrations- und Sourcing-Prozesse einen Unterschied, ob man Wissen für abgeschlossen oder für vorläufig hält. Es macht auch einen Unterschied, ob man vereinfachend (nur) nach Informationen sucht, um Fakten konsistent aneinanderzureihen, oder ob man ergebnisoffen vorgeht und Widersprüche aushalten kann. Für das Lesen und Verstehen multipler Texte ist die Auffassung hilfreich, dass Wissen vorläufig, revidierbar, komplex und begründungspflichtig ist – und dass man Behauptungen grundsätzlich überprüfen kann. Weniger günstig ist die Auffassung, dass sich Wissen vor allem aus eigenen Erfahrungen speist oder sich aus dem gesunden Menschenverstand erschließt.

Auch Überzeugungen anderer Art filtern das Lesen. Das sind die Überzeugungen und Gewissheiten, die man bezüglich einer Thematik vorab schon hat – also bereits vor der Lektüre und vor der Recherche. Wenn die eigenen Überzeugungen sehr stark ausgeprägt sind, kann es Schwierigkeiten beim Integrieren von Informationen und beim Akzeptieren von Dokumenten geben, die diesen Überzeugungen widersprechen. Oft ist man sich der verzerrenden Einflüsse eigener Überzeugungen gar nicht bewusst, weil Informationen, die den eigenen Überzeugungen widersprechen, kaum bemerkt und quasi automatisch zurückgewiesen werden.[38] Denn es findet sich leichter, was den eigenen Voreinstellungen entspricht. Und ein wenig einstellungskonformer Text wird wahrscheinlich rascher verworfen, wenn er schon auf den ersten Blick etwas sperrig daherkommt. Zur Abhilfe kann man sich klarmachen, dass es solche Einflüsse gibt und dass sie als Störgrößen gelingender Integrationsprozesse zu betrachten sind. Das allerdings verlangsamt das Lesen.

Schneller wird gelesen, wenn die Textinhalte mit den eigenen Überzeugungen übereinstimmen. Auf das damit verbundene Problem des »Case Building« werden wir später zurückkommen (▶ Kap. 6). Man bezeichnet damit die Tendenz, aktiv und selektiv nach einstellungskonformen Informationen zu suchen – und sie auch zu finden. Vorkenntnisse und Überzeugungen können sich also nicht nur vorteilhaft, sondern auch nachteilig auswirken.

■ DIGITALE DIAGNOSTIK

Wenn Kinder und Jugendliche ohnehin digitale Medien zum Lesen nutzen, ist es naheliegend, ihre Lese- und Rechtschreibkompetenzen auch durch digitale Testverfahren zu messen. Vorab wäre allerdings zu klären, ob die analog oder digital erfassten Lese- und Schreibleistungen überhaupt vergleichbar sind – eine absolut notwendige Klärung angesichts der oben berichteten Unterschiede beim Lesen digitaler und analoger Texte. Selbst bei gleichen Testinhalten könnten sich nämlich Testformatunterschiede (Tastendruck, Mausklick oder Touch-Eingabe vs. Handschrift) auf die Testleistungen auswirken, vor allem dann, wenn die Testaufgaben unter Zeitdruck zu bearbeiten sind. Schlimmer noch: Bei einigen Personen könnten solche Testformatunterschiede Auswirkungen haben und bei anderen nicht. Dann wären die digitalen Tests nicht fair.

Ein Leseverständnistest für Erst- bis Siebtklässler ELFE II (das in Deutschland am häufigsten eingesetzte Testverfahren dieser Art) und die *Verlaufsdiagnostik sinnerfassenden Lesens VSL* gibt es sowohl im digitalen (mit PC und Maus) wie im analogen Format (mit Papier und Bleistift). In beiden Fällen gelten die Testformate als äquivalent, es wurde also vorab geprüft und nachgewiesen, dass es keinen Unterschied macht, ob die Lesediagnostik am Computer oder mit dem papierenen Testheft erfolgt. In der Praxis wird das ein Anreiz zum digitalen Testen sein, weil sich die damit verbundene automatisierte Auswertung als enorm zeitsparend erweist. Hinzu kommt: Bei vielen computerbasierten Tests kann adaptiv vorgegangen werden, d. h., die Anzahl der zu bearbeitenden Testaufgaben kann deutlich reduziert werden, indem einem Kind nur solche Aufgaben vorgelegt werden, die in Relation zu seinen individuellen Fähigkeiten nicht zu leicht und nicht zu schwer sind.

Neuerdings gibt es auch Anwendungen für mobile digitale Geräte, also für Tablets und Smartphones, die eine Lese- und Rechtschreibdiagnostik ermöglichen sollen. Einer gerade publizierten Studie zufolge sind die mit solchen Apps erfassten Leistungen der Schülerinnen und Schüler vergleichbar – wenn auch nicht äquivalent – mit jenen, die papierbasiert erzielt werden. Identische Testwerte erzielen die Kinder und Jugendlichen zwar nicht – die Werte sind beim analogen Testen in aller Regel besser –, aber sie behalten ihre relativen Positionen im Vergleich mit anderen Kindern und Jugendlichen gleichen Alters bei. Untersucht wurden zwei Lesetests und ein Rechtschreibtest, darunter die bereits erwähnte VSL. Für dieses Testverfahren galt im Übrigen, dass mit der Verwendung des eigenen digitalen Endgeräts bessere digitale Testleistungen einhergingen. Unter dem Aspekt der Testfairness ist das ein wichtiger Punkt. Jedenfalls sollten der Einfluss von Routinen und das Ausmaß der Vertrautheit mit dem digitalen Endgerät bei der Interpretation von Leistungswerten und -unterschieden sorgsam beachtet werden.[39] Beim oben bereits angesprochenen Testverfahren ELFE II haben die Kinder die Testaufgaben am Computer übrigens schneller bearbeitet als auf Papier – wie zu erwarten, allerdings zu Lasten der Korrektheit.

Dass die digitalen Testleistungen bei gleichen Testinhalten im Durchschnitt schlechter ausfallen als die analogen, wird auch in einer norwegischen Studie berichtet. Verglichen wurden dort die Testleistungen von 1.139 10-Jährigen in einem standardisierten Leseverständnistest, der sowohl Mehrfachwahlaufgaben als auch solche im offenen Format enthielt. Jedes dritte Kind schnitt in der Papierversion besser ab als mit dem Computer. Interessanterweise waren die leistungsstärkeren Kinder von den negativen Bildschirmeffekten mehr betroffen als die anderen. Mithin sind es vor allem die Mädchen, die durch das digitale Format benachteiligt waren – was eine unfaire Möglichkeit darstellt, die beim Lesen üblicherweise zuungunsten der Jungen festzustellenden Disparitäten zu verringern. Bei den besonders leistungsfähigen Mädchen war jedenfalls die Differenz zwischen der Leseleistung auf Papier und am Bildschirm besonders groß.[40] Für die im Allgemeinen schwächeren digitalen Leseleistungen werden vor allem Erschwernisse durch das Scrollen sowie eine mangelnde digitale Erfahrung der 10-Jährigen verantwortlich gemacht.

Was tun?

In den vorangegangenen Kapiteln war mit Blick auf das Vorlesen für die selbstständige Nutzung elektronischer Bücher mit Vorlese- oder Wörterbuchfunktion plädiert worden, wenn keine Vorleserin oder kein Vorleser zur Verfügung steht. Beim digitalen Lesen im Grundschulalter sieht das anders aus. Hier sind professionelle Lehrpersonen verfügbar, die pädagogisch begründen können, wann und weshalb sie das Lesen auf digitalen Endgeräten in ihrem Unterricht praktizieren oder nicht. Die Argumentation muss sich dabei nicht grundsätzlich am Mehrwert des digitalen Lesens orientieren – eher an den didaktischen Erfordernissen. Allerdings ist es unabdingbar, dass wir die Kinder auf das digitale Lesen vorbereiten.

Aus dem (Grundschul-)Unterricht verbannen darf man das digitale Lesen nicht. Nur weil es Smartphone-Süchtige bereits unter den 5- bis 10-Jährigen gibt, kann man das Digitale nicht ganz verbieten. Ansonsten müsste man alles Mögliche verbieten, was man (mit schädlicher Auswirkung) auch im Übermaß betreiben kann. Notwendig ist vielmehr, dass der Umgang mit den am Bildschirm präsentierten Texten eingeübt wird. Beim anfänglichen Lesen- und Schreibenlernen scheint – von gut begründeten Ausnahmen einmal abgesehen – mit einer Entscheidung fürs Digitale kein besonderer Vorteil verbunden.

12 Das **Lesen- und Schreibenlernen mit Papier und Stift** ist der Verwendung elektronischer Eingabegeräte vorzuziehen. Die 6- bis 10-Jährigen sollten **behutsam** an den Umgang mit digitalen Texten **gewöhnt werden**.

Dass Kinder den digitalen Endgeräten im Allgemeinen aufgeschlossen gegenüberstehen, lässt sich motivationsförderlich nutzen. Gerade für die hartnäckigen Nichtleserinnen und -leser können die digitalen Angebote einen zusätzlichen Unterschied machen. Bereits beim Vorlesen (▶ Kap. 3) war mit Blick auf die elektronischen Bücher ein ähnliches Argument bemüht worden, um die vorleseabstinenten Väter mit ins Boot zu bekommen.

13 Weil die digitalen Texte und Apps (lese-)**motivationsförderlich** sind, ist es einen Versuch wert, mit den digital präsentierten Lernmaterialien insbesondere die Leseschwächeren zu gewinnen.

Im Allgemeinen ist das Printlesen vorteilhafter für das Verstehen und Behalten, vor allem dann, wenn es um längere Sachtexte geht. Das hat mit ungünstigen (Vor-)Einstellungen beim Bildschirmlesen zu tun, die das Leseverhalten am Bildschirm prägen. Das konzentrierte, sorgfältige und realistische digitale Lesen kann aber geübt werden.

14 Am Bildschirm wird schneller, oberflächlicher und unkonzentrierter gelesen. Dem lässt sich durch Aufklärung und **pädagogisches Einwirken** begegnen.

Wenn es um das Lesen multipler digitaler Dokumente geht und insbesondere um das Online-Lesen, so gehen die neuartigen Möglichkeiten mit einer Reihe zusätzlicher Anforderungen an die Informationsverarbeitung einher. Dies muss bedacht werden. Kinder und Jugendliche müssen mit jenen kognitiven Werkzeugen ausgestattet werden, die sie für das Lesen multipler Texte benötigen.

15 **Strategien** zum Auffinden, Auswählen und Integrieren von Informationen aus multiplen digitalen Texten **müssen explizit vermittelt werden.** Ebenso müssen die Kinder und Jugendlichen lernen, auf die Herkunft und Verlässlichkeit von Informationsquellen zu achten.

Ob das Analoglesen dem Erlernen des digitalen Lesens vorausgehen muss, ist unklar. Selbst Maryanne Wolf und Naomi Baron, die als prominente Kritikerinnen eines zu frühen digitalen Lesens gelten, sprechen sich dafür aus, bereits im Grundschulalter mit dem digitalen Lesen zu beginnen. Das ist auch die Position von Renate Valtin und Tiziana Mascia vom europäischen Lesenetzwerk ELINET. Zwischen den Zeilen lässt sich aber herauslesen, dass die vier Autorinnen für die primären Leseerfahrungen das Printmedium bevorzugen (Print first). Danach sollen die Kinder das kompetente Code-Switching hin zum Digitalen erlernen.

Zumindest für das anfängliche Lesen- und Schreibenlernen ist ein Verzicht auf Papier und Bleistift nicht anzuraten. Von gut begründeten Ausnahmen einmal abgesehen, scheint mit der Entscheidung fürs Digitale kein besonderer Vorteil verbunden. Belastbare empirische Daten, die jenseits des Anfangsunterrichts eine *Print-first*-Auffassung begründen würden, gibt es nicht. Wie auch? Randomisiert-kontrolliert durchgeführte Studien mit Kindern, die bis zum 10. Lebensjahr in Bezug auf das Lesen digital weitgehend abstinent aufwachsen, wird es aufgrund ethischer Einwände nicht geben. Und der Evidenzgrad anekdotischer Erfahrungen ist zu gering. Viel falsch machen kann man mit einer Print-first-Strategie allerdings nicht. Denn wer analog bereits gut lesen kann, wird in aller Regel auch das digitale Lesen gut erlernen.

■ Wie lernt man das?

In den allermeisten Fällen nur durch Anleitung. So wie sich das Informationslesen mit gedruckten Texten durch die Vermittlung und das Einüben von Lesestrategien optimieren lässt, profitiert auch das digitale Lesen von pädagogischen Hilfestellungen. Zunächst einmal müssen die Kinder und Jugendlichen erfahren, dass das digitale Lesen kein leichteres Lesen ist. Häufig vorhandene, unangemessene und dysfunktionale Voreinstellungen (Mindsets) müssen also korrigiert werden – am besten aufgrund eigener Erfahrungen in geschützten Lernsituationen. Dazu ist es hilfreich, wenn die Kinder und Jugendlichen bereits früh die Möglichkeit haben, sich in beiden Medienwelten zu bewegen. So lässt sich der Tendenz zum schnellen und unkonzentrierten Lesen sowie der Selbstüberschätzung des Textverstehens entgegenwirken.

Besonders groß ist der lesedidaktische Handlungsbedarf, wenn es darum geht, die Kinder und Jugendlichen auf den Umgang mit multiplen digitalen Dokumenten vorzubereiten. Das Finden und Auswählen relevanter Informationen müssen genauso geübt werden wie das kohärente Integrieren von Informationen aus verschiedenen Dokumenten und das Evaluieren der Stimmigkeit und Verlässlichkeit der aufgefundenen Informationen. Ein in der analogen Welt bewährtes Mittel zur Vermittlung und Förderung solcher Lesestrategien ist das explizit-informierende Training: Eine kompetente Person (z. B. die Lehrkraft) erklärt die infrage stehende strategische Vorgehensweise, modelliert den kompetenten Strategieeinsatz und verbalisiert dabei ihre Überlegungen im Sinne eines lauten Denkens. Anhand vorbereiteter Materialien wird anschließend das gemeinsame, später das selbstständige Anwenden der Lesestrategien geübt.

Und um es klar zu sagen: Digitales Lesen ist kein Remake des analogen. Multiple digitale Texte, die wir online lesen (und vorher erst finden müssen), lassen sich nicht ins Nicht-Digitale rücktransformieren.[41] Sie bergen großartige Möglichkeiten. Wir müssen nur lernen, sie richtig zu nutzen.

6 Digital lesen 18+: Was sonst?

Es scheint paradox: Für das Lesen von Erzähltexten eignen sich E-Reader genauso gut wie das gedruckte Buch. Trotzdem lesen die meisten Erwachsenen ihre Romane lieber auf Papier. Wenn es um ein tieferes Verständnis von längeren Sach- und Informationstexten geht, ist das Lesen auf Papier die bessere Wahl. Dennoch überwiegen hier die Digitalleserinnen und -leser. Machen alle, was sie wollen? Weshalb wird die Bildschirmunterlegenheit bei den Sachtexten ignoriert? Fragen wir die Betroffenen doch selbst.

Selbstauskünfte

In einigen Studien wurden Jugendliche und junge Erwachsene zu ihren Lesegewohnheiten und -präferenzen und zu den Vor- und Nachteilen befragt, die aus ihrer Sicht mit dem Bildschirmlesen verbunden sind. Zunächst zur Kostenfrage: Wenn die Beschaffungskosten keine Rolle spielten, so haben Naomi Baron und Kolleginnen vor einigen Jahren von Studierenden aus den USA, Deutschland, Japan, Indien und der Slowakei erfahren, würden sie lieber auf Papier lesen – und zwar sowohl Sachtexte (87 %) als auch beim Freizeitlesen (81 %).[1] In derselben Studie haben 92 Prozent der Befragten angegeben, dass sie sich beim Printlesen am besten konzentrieren könnten und seltener abgelenkt seien. Deutlich häufiger als beim Lesen auf Papier (41 %) haben sie auch vom »Multitasking« beim Bildschirmlesen (67 %) berichtet (wobei das Musikhören während des Lesens noch nicht einmal als Multitasking gezählt wurde!). Im freien Antwortformat haben die Befragten zudem die aus ihrer Sicht strategischen und gefühlsmäßigen Vorteile des Printlesens benannt: Dass man leichter Notizen anbringen könne, dass es sich »richtig« anfühle, dass es »gut« für die Augen sei. Die Argumente für das Bildschirmlesen bezogen sich im Wesentlichen auf die besonderen Funktionalitäten und auf Annehmlichkeiten der Verfügbarkeit.

In einer qualitativen Studie mit 200 Studierenden aus Deutschland, England und Italien, die ebenfalls zu erlebten Unterschieden zwischen dem Bildschirm- und dem Papierlesen (und -schreiben) befragt wurden, orientieren sich die Print-Screen-Präferenzen nicht an einem dogmatischen »Entweder-oder«, sondern an einer eher pragmatischen Abwägung, was, in welchem Kontext und für welchen Zweck gelesen wird.[2] Im Großen und Ganzen verbinden die Studierenden den verständnisorientierten Lesemodus (Deep Reading) eher mit dem Lesen auf Papier. Weitere Argumentationshilfen in die eine oder andere Richtung waren ästhetische Aspekte (z. B. taktile Erfahrungen), ökologische Erwägungen (z. B. Papierverbrauch), physiologische und kognitive Faktoren (z. B. Überanstrengung der Augen) und die jeweiligen Funktionalitäten, deren Fehlen entweder beklagt wird (»Es gibt keine Suchfunktion beim Papierlesen«; »Beim Online-Lesen werde ich leichter abgelenkt«) oder begrüßt (»Auf dem Papier kann ich leichter Notizen machen«; »Über die Hyperlinks kann ich sofort zu anderen Quellen gelangen«). Nur die Studierenden aus Deutschland haben bei ihrer Print-Kritik übrigens die ökologische Karte (»müssen Bäume sterben«) gezogen. Klimaneutral ist allerdings das elektronische Recherchieren auch nicht zu haben.

Speziell auf das akademische Fachtextlesen bezieht sich die *Academic Reading Format International Study* (ARFIS), an der mehr als 21.000 Studierende aus 33 Staaten teilgenommen haben (mehr als die Hälfte von ihnen kamen aus Südafrika, Tschechien, Norwegen, Italien, Estland, Lettland und Frankreich).[3] Die Daten wurden zwischen 2014 und 2017 erhoben, sind also nicht mehr ganz frisch. Sie vermitteln eine klare Botschaft. Eine eindeutige Präferenz für das elektronische Lesen äußern demnach nur neun Prozent der Befragten und als medienneutral geben sich 20 Prozent. Die Übrigen (71 %) präferieren das Lesen auf Papier. Detailauswertungen der Begründungen für die Bevorzugung von Bildschirm oder Papier zeichnen folgendes Bild: Die *Papierleserinnen und -leser* argumentieren im Wesentlichen mit einer höheren Lernqualität, einer größeren Ernsthaftigkeit des Lesens und der Lernmotivation (»Ich nehme das Lesen ernster«) sowie mit den besseren Lernergebnissen. Die Befürworter des digitalen Lesens argumentieren demgegenüber vor allem mit den Annehmlichkeiten und der leichteren Zugänglichkeit der elektronischen Texte (»Ich kann jederzeit von überall zugreifen«). Erst in zweiter Linie werden strategische Vorteile des Digitalen angesprochen (»Die Suchfunktion«). Zudem wird die Umweltverträglichkeit (»Bäume retten«) und der preisliche Vorteil hervorgehoben. Mit einer besseren Lernqualität wird von den *digitalen Leserinnen und Lesern* nicht argumentiert.

Fazit: Die Leserinnen und Leser wissen über die Vor- und Nachteile des digitalen und des analogen Lesens ganz gut Bescheid. Die allermeisten hätten gern beide Optionen. Einstellung und Verhalten sind aber nicht kongruent. Denn trotz ihrer recht deutlichen Sympathien für das Lesen auf Papier lesen sie am Ende doch eher am Bildschirm. Wissenschaftlich lässt sich für ein *verbundenes Lesen* plädieren und für die Entwicklung eines »Sowohl-als-auch«-Mindsets. Das lässt sich auch aus einer Befragung von 13- bis 18-Jährigen herauslesen, wo ein gutes Drittel der Jugendlichen gar keine Präferenz für Papier oder Bildschirm erkennen lässt, sondern eine »Kommt-darauf-an!«-Position vertritt.[4]

Weil niemand um das Online-Lesen und um das Lesen digitaler Sachtexte herumkommt – und dies in den meisten Fällen auch gar nicht möchte –, muss man sich den Herausforderungen stellen, die sie für das Verstehen und Behalten mit sich bringen. Und sich der Vorteile bewusst werden, die mit dem digitalen Lesen verbunden sein können. Gänzlich neuartig sind die meisten Herausforderungen beim Bildschirmlesen ohnehin nicht. Auch einzelne Sachtexte auf Papier müssen verstehend und konzentriert gelesen werden. Auch beim Lesen mehrerer Sachtexte auf Papier müssen intra- und intertextuelle Integrationsleistungen erbracht werden, um zu einer kohärenten inneren (mentalen) Vorstellung des Gelesenen zu gelangen. Auch beim Lesen auf Papier ist es hilfreich, Quelleninformationen zusätzlich zu berücksichtigen. Beim Lesen von digitalen Texten und von Hypertexten kommen weitere Erschwernisse hinzu, die bereits erwähnt wurden. Im Folgenden wird dargestellt, wie sie sich überwinden lassen.

■ LÄNGERE SACHTEXTE

Aus den empirischen Studien wissen wir, dass es beim digitalen Lesen längerer Sachtexte vermehrt zu Aufmerksamkeitsproblemen und zu Leseunterbrechungen sowie zu Fehleinschätzungen hinsichtlich der eigenen Verstehensleistungen kommt. Selbstberichte der Jugendlichen und jungen Erwachsenen bestätigen diese Befunde. Es sind wohl vor allem die unangemessenen Voreinstellungen (Mindsets), die ein rasches, überfliegendes Lesen zu Lasten des verständnisorientierten begünstigen.

Aus längeren Sachtexten einfach kürzere zu machen, kann keine Lösung sein. Zielführender scheint, für die unterschiedlichen Leseanlässe, -aufträge und -ziele die jeweils am besten geeigneten Lesemedien zu wählen und sich bei der Entscheidung für das Bildschirmlesen seiner besonderen Vorteile im Hinblick auf das überfliegende und selektive Lesen (Skimming und Scanning) bewusst zu sein – sowie der möglichen Nachteile für das verstehende Lesen, die von Ablenkungen und metakognitiven Fehleinschätzungen ausgehen können. Bei freier Medienwahl bestimmt also idealerweise der *Lesezweck* über das Lesemedium. Bei längeren Sachtexten gibt es gute Argumente für das Lesen auf Papier, wenn es um das verstehende Lesen geht. Für einen groben Überblick oder für die Suche nach spezifischen Informationen kann das Bildschirmlesen die bessere Wahl sein.

Ist das digitale Endgerät hingegen »gesetzt«, gilt es den Tendenzen zum oberflächlichen Lesen und der damit verbundenen Verständnisillusion sowie der leichteren Ablenkbarkeit entgegenzuwirken – jedenfalls dann, wenn es um das verstehende Lesen geht. Dass am Bildschirm oberflächlicher («seichter«) gelesen werde, ist seit jeher der Generalvorwurf der digitalen Skeptikerinnen und Skeptiker. Nicht nur in bekannten populärwissenschaftlichen Büchern, wie etwa in Nicholas Carrs 2010 erschienenem »The Shallows: How the internet is changing the way we think, read and remember«, sondern auch im fachwissenschaftlichen Diskurs ist die Shallowing-Hypothese (engl. Shallow, dt. oberflächlich, seicht) in Bezug auf das digitale Lesen prominent behandelt worden.[5] »Surfen im Seichten. Was das Internet mit unserem Hirn anstellt« lautet übrigens der reißerische Titel der deutschen Ausgabe von Carrs lesenswerter Monografie.

Ganz so überzeugend ist die Datenlage in Bezug auf die *Shallowing-Hypothese* allerdings nicht. Nicht zwangsläufig wird am Bildschirm oberflächlich gelesen. In einer jüngst publizierten norwegischen Studie mit Bachelor-Studierenden der Pädagogik und der Psychologie gab es jedenfalls keine Unterschiede zwischen den Papier- und den Bildschirmleserinnen und -lesern in Bezug auf die von ihnen während des Lesens eingesetzten Lesestrategien – und auch nicht im Hinblick auf das Textverstehen.[6] Egal, ob auf dem Papier oder am Bildschirm gelesen wurde: Die unterschiedlichen Verstehens- und Behaltensleistungen der Studierenden hingen zwar mit ihrem Vorwissen, mit ihren generellen Lesekompetenzen und den individuellen Arbeitsgedächtnismaßen zusammen, nicht aber mit dem Lesemedium! Die Studierenden bekamen einen etwa 1.000 Wörter umfassenden Sachtext über Phobien abschnittweise zu lesen und mussten anschließend die wesentlichen Inhalte der einzelnen Textabschnitte in eigenen Worten schriftlich wiedergeben. Ihre lesestrategischen Vorgehensweisen – als Indikatoren der Verarbeitungstiefe der Textverarbeitung – wurden durch Protokolle lauten Denkens erfasst, die anhand von Expertenratings kategorisiert wurden.

Man kann sich denken, weshalb die Shallowing-Hypothese bei digitalen Leseanforderungen dieser Art nicht greift: (1) Weil den Studierenden von vornherein klar war, dass sie im Anschluss an das Lesen einen kurzen Text zu verfassen hatten (und eben nicht nur Multiple-Choice-Fragen zu beantworten), kam es zu einer tieferen Informationsverarbeitung. (2) Weil ein Text über Phobien für Studierende der Pädagogik und der Psychologie besonders interessant war, erwies sich die intrinsische Lesemotivation als vergleichsweise hoch, was ebenfalls ein gründlicheres Lesen zur Folge hatte. (3) Weil das Ablenkungspotenzial ausgesprochen gering war, da die Texte nicht online und auch nicht in der Gruppe, sondern in Einzelsitzungen zu lesen waren, wurde konzentrierter gelesen. Damit sind zugleich die pädagogischen Ansatzpunkte benannt, mit denen sich den Tendenzen zum seichten Lesen entgegenwirken lässt.

Zeitdruck gab es in der norwegischen Studie keinen. In einer spanischen Studie hat man einmal unter Zeitdruck und einmal bei freier Zeiteinteilung lesen lassen – wiederum entweder am Bildschirm oder vom Blatt.[7] Die Leistung im Textverstehen und die

Häufigkeit abweichender Gedanken (Mind Wandering) hing beim Lesen ohne Zeitdruck nicht vom Lesemedium (Print oder Screen) ab. Das bestätigt frühere Befunde. Beim Lesen unter Zeitdruck war es allerdings anders. Jetzt waren die Print-Leserinnen und -Leser in der Lage, sich auf die veränderten (und erschwerten) Gegebenheiten einzustellen, die am Bildschirm gelesen hatten, aber nicht. Die Print-Leserinnen und -Leser schweiften nun gedanklich weniger oft ab als zuvor. Anders am Bildschirm. Dort waren sich die Lesenden dem Ernst der Lage offenbar nicht bewusst und schickten ihre Gedanken weiterhin auf Wanderschaft. Ihr wenig adaptives Leseverhalten hatte entsprechend schwächere Verstehensleistungen zur Folge.

Wie sich der Verständnisillusion beim digitalen Lesen begegnen lässt, wurde bereits geschildert: Indem durch verbindlich eingestreute Aufträge ein langsameres und sorgfältigeres Leseverhalten quasi erzwungen wird (z. B. während des Lesens Schlagwörter formulieren und kurze Zusammenfassungen schreiben lassen). Im Übrigen gelten die von Judith Wylie und Kolleginnen und Kollegen ausgesprochenen Empfehlungen, die allesamt eine tiefere Informationsverarbeitung triggern sollen, um das seichte Lesen zu unterbinden und so die Bildschirmunterlegenheit zu überwinden (▶ Kap. 5).[8]

■ MULTIPLE TEXTE

Was über das Lesen längerer Sachtexte gesagt wurde, trifft für das Bildschirmlesen mehrerer Texte erst recht zu. Die Problematik der geteilten Aufmerksamkeit tritt nun hinzu, beim Online-Lesen von Hypertexten ist sie besonders evident.

Die Neurowissenschaftlerin Susan Greenfield sieht als Preis der Digitalisierung eine Reihe von Problemen auf uns zukommen. In ihrem Buch »Mind Change: How digital technologies are leaving their mark on our brains« sagt sie Nachteile aufgrund der räumlichen Instabilität der Digitaltexte voraus, eine höhere Belastung für die Augen und ein rascheres Ermüden. Entscheidend aber seien zwei weitere Problematiken, die insbesondere beim Lesen multipler Texte und hierbei wiederum vor allem beim Lesen von Hypertexten auftreten: (1) Das hohe Ablenkungspotenzial und die negativen Auswirkungen der durch das »Multitasking« geteilten und damit verminderten Aufmerksamkeit. (2) Das oberflächlichere, seichtere Lesen im Sinne der bereits erwähnten Shallowing-Hypothese, verbunden mit den Fehleinschätzungen eigener Leseleistungen.[9] Nun zur (unerwünscht) geteilten Aufmerksamkeit.

Werden mehrere Aufgaben oder Tätigkeiten zur gleichen Zeit ausgeführt, spricht man von *Multitasking*. Ob das problematisch ist oder nicht, hängt von mehreren Faktoren ab. Vor allem aber davon, ob die Aufgaben oder Tätigkeiten hochgradig automatisiert vollzogen werden können oder ob kognitive Kontrollprozesse eingebunden sind. Dass man beim Bügeln Musik oder ein Hörbuch hören kann, ohne dass das Arbeitsprodukt darunter leiden muss, ist bekannt – auch dass man sich während des Autofahrens unterhalten kann, ohne das Ziel der Fahrt und den Verkehr aus den Augen zu verlieren. Bei kognitiv anspruchsvolleren Tätigkeiten, die einen gewissen Kontrollaufwand erforderlich machen, endet die Leichtigkeit des Gleichzeitigen. Der hochautomatisierte Leseprozess wird zwar durch das gleichzeitige Musikhören, das Erscheinen von Pop-up-Fenstern, Breaking News oder Werbebannern nicht gänzlich aus der Bahn geworfen, das Verstehen des Gelesenen ist aber erheblich beeinträchtigt, wenn die Aufmerksamkeit geteilt werden muss.

Weil die mentalen Kapazitäten zur (gleichzeitigen) Verarbeitung und Repräsentation unterschiedlicher textueller und/oder Text und Bild und/oder Text, Bild und Ton kombinierender Informationen begrenzt sind, kommt es zu einer Überlastung des kognitiven Apparats. Informationen werden dann unvollständig oder gar nicht verarbeitet. Um solchen Überlastungen vorzubeugen, ist es hilfreich, wenn zusammengehörige Informationen in räumlicher und zeitlicher Nähe dargeboten werden – und wenn es nicht zu viele Informationen zur gleichen Zeit sind.

Multiple Texte – und die online gelesenen Hypertexte erst recht – beanspruchen die Aufmerksamkeit, das Arbeitsgedächtnis, die Metakognitionen und die Exekutivfunktionen deutlich mehr, als dies beim Lesen von Einzeltexten der Fall ist. Am Beispiel der *exekutiven Funktionen,* also den höheren geistigen Prozessen, die unsere Gedanken und unser Verhalten steuern, lässt sich das so verdeutlichen:

1. Das Aufrechterhalten relevanter Informationen im Arbeitsgedächtnis (Updating) muss nun für mehr als einen Text bewältigt werden.

Die begrenzte Kapazität des Arbeitsgedächtnisses ist dabei ein limitierender Faktor. Beim nichtlinearen Lesen von Hypertexten resultiert aufgrund der Sprünge und Unterbrechungen eine zusätzliche Arbeitsgedächtnisbelastung.

2. Die Aufmerksamkeit muss bewusst und gezielt auf die zielführenden Aspekte der Textinhalte gelenkt werden – und die einem (Lese-)Ziel entgegenstehenden Aktivitäten sind bewusst zu meiden (Inhibition).

Sowohl das Fokussieren der relevanten Informationen als auch die Hemmungsprozesse verbrauchen mentale Ressourcen. Beim nichtlinearen Lesen von Hypertexten sind attraktive, aber nicht zielführende Ablenkungen oft nur einen Mausklick entfernt.

3. Ein flexibles und bewusstes Wechseln zwischen Texten, Perspektiven und Argumenten (Shifting) ist notwendig, um multiple Texte zu verstehen. Dabei entstehen Wechselkosten.

Auch das bewusste Wechseln zwischen Skimming- und Scanning-Aktivitäten auf der einen Seite und dem verständnisorientierten Lesen (Deep Reading) auf der anderen, ist beim digitalen Lesen erforderlich. Zudem gibt es den unbewussten Aufmerksamkeitswechsel (Switching).

Nicht unerwartet: Gute analoge Leserinnen und Leser kommen mit den höheren Anforderungen multipler digitaler Texte viel besser zurecht als die ohnehin schwächeren Leserinnen und Leser. Unter der Überschrift »differenzielle Effekte« wird uns dieser Punkt später erneut beschäftigen.

Multitasking

Der Zürcher Neurowissenschaftler Lutz Jäncke hält uns für »miserable Multitasker«.[10] Müssen mehrere kontrollpflichtige Aufgaben zur gleichen Zeit erledigt werden, arbeiteten wir ineffizient und fehleranfällig, weil die begrenzten kognitiven Ressourcen zwischen diesen Aufgaben aufgeteilt werden müssten. Jäncke enttäuscht die Erwartung, eine multimedial heranwachsende Generation sei auf das Multitasking besser vorbereitet als die Generationen vor ihr. Ganz im Gegenteil. Untersuchungen zeigen, dass die sogenannten Heavy-Media-Multitasker – das sind Personen, die besonders häufig in mehreren Medienwelten zugleich unterwegs sind (Print, Audio, Video, Computer, Smartphone, Chat, E-Mail usw.) – schlechter abschneiden, wenn sie im Experimentallabor Standard-Multitasking-Aufgaben zu bewältigen haben. Ihre inhibitorischen Fertigkeiten waren geringer ausgeprägt und die Fähigkeit zum Aufmerksamkeitswechsel war ebenfalls beeinträchtigt. Die Light-Media-Multitasker hatten solche Probleme nicht. Sie waren mehr als die anderen in der Lage, ihre Aufmerksamkeit zu fokussieren und Ablenkungen zu widerstehen. Durch intensiv betriebenes multimediales Multitasking lassen sich die Multitasking-Fähigkeiten also offenbar nicht trainieren.

Jäncke vermutet, dass mit einem intensiven multimedialen Medienkonsum eher das Gegenteil dessen gefördert wird, was zum erfolgreichen Multitasking benötigt wird. Nicht das Fokussieren und Inhibieren sowie den bewussten Aufmerksamkeitswechsel optimieren nämlich die multimedialen Viel-Konsumenten. Eher fördert das intensive Sich-Einlassen auf die Informationsflut ihre »Reizabhängigkeit« und »Reizgetriebenheit«. Auf diese Weise werden sie am Ende – so Lutz Jäncke – zu »Sklaven der Reize«. Eine tiefere Informationsverarbeitung und ein höheres Maß an bewusster Kontrolle sei dann nicht mehr möglich. Zu viele Informationen zur gleichen Zeit können wir nicht verarbeiten. Pro Zeiteinheit lässt sich nur eine kognitiv beanspruchende Tätigkeit ausführen und der rasche Wechsel zwischen solchen Tätigkeiten ist mit Wechselkosten verbunden.

Appelle und Empfehlungen zu mehr digitaler Selbstkontrolle und zur Verringerung des multimedialen Medienkonsums finden sich in nahezu jedem Buch zum Leben und Lernen in einer digitalen Welt.[11] Bei den wohlfeilen Empfehlungen und guten Vorsätzen bleibt es dann aber auch meist. Eine Frankfurter Forschergruppe hat eine Übersicht verfasst und die (pädagogischen) Maßnahmen aufgeführt, die geeignet sein sollen, den negativen Einfluss digitaler Ablenkungen zu verringern.[12] Das Problem dabei ist: Die Maßnahmen fruchten nicht! Nahezu wirkungslos ist es demnach, wenn man sich bloß darauf beschränkt, auf die Gefahren durch Ablenkungen und auf die Multitasking-Problematik hinzuweisen. Auch das Verbieten bzw. Blockieren von Apps oder Webseiten oder das Sanktionieren nicht aufgabenbezogenen Online-Verhaltens bringt offenbar nichts.

Wie leicht sich Studierende in einer Vorlesung durch ein internetfähiges Gerät vom Verfolgen der präsentierten Inhalte ablenken und zu anderen Tätigkeiten verführen lassen, zeigt eine Studie, die an der Michigan State University durchgeführt wurde.[13] Das über einen Proxy-Server aufgezeichnete Browser-Verhalten der Studierenden hatte nur in den wenigsten Fällen etwas mit den Vorlesungsinhalten zu tun. Im Schnitt haben die Studierenden 37 Minuten von 90 Minuten pro Vorlesungstermin für nicht-akademische Zwecke online verbracht – meist waren sie in sozialen Medien unterwegs, mit dem Schreiben und Lesen von E-Mails beschäftigt, mit Einkaufen, Videos, Computerspielen, Chatten und dem Lesen von Nachrichten. Das Ausmaß der abschweifenden Tätigkeiten war negativ mit der Studienleistung (Klausur) am Ende des Semesters korreliert. Die Studierenden selbst waren allerdings der Überzeugung, dass die Internetnutzung keinen Einfluss auf ihr Lernen habe.

■ HYPERTEXTE UND ONLINE-LESEN

Was über das Lesen längerer und multipler Texte gesagt wurde, trifft für das Online-Lesen und das Lesen von Hypertexten erst recht zu. Weitere Anforderungen resultieren aus der Notwendigkeit (1) zum Navigieren, (2) zur Berücksichtigung von Metadaten sowie (3) zur intertextuellen Integration. Auch hier gilt, dass sich diese Anforderungen nicht exklusiv auf das Lesen am Bildschirm beziehen. Denn auch in der analogen Welt können wir auf bequeme Weise nach Texten suchen, widersprüchliche Informationen nicht zur Kenntnis nehmen oder nicht kohärent integrieren und ein nachlässiges Quellenstudium betreiben.

Dass sich die Integrations- und Sourcing-Prozesse, also das intertextuelle Verknüpfen von Informationen und das Berücksichtigen von Informationen über Informationen erfolgreich trainieren lassen, wurde bereits angesprochen (▶ Kap. 5). Das Suchen und Finden (Navigieren) von Texten bzw. Informationen im Internet geriet nur deshalb in den Fokus der Leseforschung, weil das (digitale) Lesen ganz überwiegend auf Internetseiten stattfindet. Für das orientierende, dem verstehenden Lesen vorausgehende Lesen ist die Recherche im Internet heutzutage nahezu alternativlos. Sie birgt allerdings die Gefahr, sich zu verlieren.

Die Leseforscherin Patricia Alexander sieht uns in der Informationsflut des Internets ertrinken – als 24–7–365 wird die allgegenwärtige Zugänglichkeit (besser: Aufdringlichkeit) digitaler Informationen 24 Stunden am Tag, an sieben Tagen in der Woche bzw. an 365 Tagen eines Jahres auch bezeichnet.[14] Das ist zu viel des Guten. Und das Merkwürdige: Obgleich wir von Informationen aller Art pausenlos überschwemmt werden, suchen wir wie ein Internetjunkie ständig nach mehr, aktuelleren, kürzeren und leichter zugänglichen Informationen. Das verändert unser Leseverhalten: Warum noch eine Zeitung lesen, wenn die Breaking News ohnehin auf dem Smartphone aufscheinen?

Nur wer online ist, verpasst nichts. Bei den Heranwachsenden hat die Nutzung digitaler Medien das Lesen auf Papier in hohem Maße verdrängt. Alarmistisch hat sich deshalb die kalifornische Psychologin Jean Twenge über die (korrelativen) Zusammenhänge zwischen der Smartphone- und Internetnutzung der Heavy-Media-User und ihrer sozial-emotionalen Befindlichkeit sowie der Auftretenshäufigkeit von Depressionen im Jugendalter geäußert.[15] Im Wesentlichen ging es ihr allerdings um die Nutzung und die besondere Problematik von Social Media – also einer Domäne des digitalen Lesens und Schreibens, die in *Digital lesen. Was sonst?* gar nicht behandelt wird. Twenges Analysen sind nicht unumstritten. Denn die Datenlage lässt eine kausale Interpretation nicht zu.

Die Informationsfluten sind kein Anlass zur Resignation. Wiederum Patricia Alexander sieht einen wichtigen pädagogischen Auftrag einer modernen Lesedidaktik darin, die Kinder und Jugendlichen auf das Hypertext- und Online-Lesen optimal vorzubereiten. Wer kompetent navigieren sowie die Metadaten von Dokumenten erkennen und nutzen kann, wird Falschinformationen leichter erkennen können. Das bereits erwähnte »Case Building« beschreibt ein affirmatives Navigationsverhalten, wo selektiv nach einstellungskonformen Informationen gesucht wird – und wo diese mit einer gewissen Wahrscheinlichkeit auch gefunden werden. Sich bewusst werden (und bewusst gegensteuern), muss man auch der Tendenz, sich beim Suchen und Finden allzu sehr auf die gängigen Suchmaschinen (Google) zu verlassen und die zuerst entdeckte, frei zugängliche Fundstelle für die relevante zu halten.

Das Recherchieren im Internet eröffnet großartige Möglichkeiten, aber nur, wenn man sie zu nutzen weiß, kommen sie dem Lernerfolg zugute. In Patricia Alexanders Arbeitsgruppe hat man das Recherchieren in der analogen Welt mit dem Recherchieren im Internet verglichen. In einer Studie hatten die Jugendlichen den Auftrag, eine PowerPoint-Präsentation vorzubereiten, und sie sollten dafür sowohl Print- als auch digitale Materialien nutzen. Ihr Navigationsverhalten und ihre Arbeitsweisen wurden mit einer Helmkamera aufgezeichnet. Mehr Zeit haben sie mit den gedruckten Materialien verbracht, aber häufiger haben sie die digital benutzten Quellen in ihre Präsentationen eingebunden. Viel entscheidender als die Medialität der genutzten Quellen hat aber das bereichsspezifische Vorwissen ihr Suchverhalten, ihre Integrationsleistungen und die Qualität ihrer Präsentation determiniert.[16] Vorwissen ist also wichtiger als gedruckt oder digital!

Zum Erlernen und Einüben des Suchens, Findens und Bewertens von Informationen und Quellen im Internet gibt es vielversprechende Förderansätze, auf die bereits verwiesen wurde, etwa das Trainingsprogramm COR, das an der kalifornischen Stanford University entwickelt wurde (▶ Kap. 5).

DIFFERENZIELLE EFFEKTE

Gute Analogleserinnen und -leser sind anderen auch beim Lesen am Bildschirm überlegen. Beim Online-Lesen finden sie rascher die »richtigen« Seiten und wählen die »richtigen« Texte aus. Vorhandene (analoge) Lesekompetenzen und bereichsspezifische Vorkenntnisse sind die bedeutsamsten Prädiktoren der digitalen Leseleistung. Bei einer fortschreitenden Digitalisierung des Lesens und Lernens wird das zu einer Verfestigung bereits vorhandener Disparitäten beitragen. Es kann sogar sein, dass das Lesen auf digitalen Endgeräten zu einer noch größeren Spreizung der Leseleistungen führt.

Mit der Problematik solcher »Digital Divides«, also der sich vertiefenden digitalen Klüfte zwischen den Leserinnen und Lesern, haben sich Axel Kuhn aus Erlangen, Gerhard Lauer aus Mainz und weitere Forscherinnen und Forscher aus Wien, Karlsruhe und Paderborn anlässlich des pandemisch bedingten universitären Lockdowns auseinandergesetzt.[17] Durch das Distanzlernen erfuhr das digitale Lesen einen neuerlichen Wachstumsschub. Bezogen auf Studierende an deutschen, österreichischen und schweizerischen Hochschulen interessierte nun die Frage: Wer geht beim digitalen Lesen verloren? Wer wird abgehängt? Wer profitiert? Mehr als 3.500 Studierende haben sich an der Online-Befragung beteiligt. Sie wurden über ihre Lern- und Lesemotivation, über ihr Leseverhalten, über ihre Einstellungen und Affekte gegenüber dem digitalen Lesen sowie über ihre Erfahrungen damit befragt, aber auch über Lernfortschritte und investierte Anstrengung. Sie wurden auch gefragt, ob die digitalen Studientexte an ihren Einrichtungen leicht zugänglich seien, ob sie die notwendigen Endgeräte besitzen und ob sie – wo nötig – (technische) Hilfen an ihren Universitäten bekämen.

Damit das digitale Lesen gelingt, braucht es all dies: die Zugangsmöglichkeiten, die notwendigen Fähigkeiten und das richtige Leseverhalten, die richtige Einstellung und eine ausreichende Lernmotivation sowie ein Mindestmaß an sozialer Unterstützung. Eine digitale Kluft oder Spaltung – so die Autorinnen und Autoren – kann sich auf all diesen Ebenen auftun: Beim Zugang, bei den Einstellungen, der Motivation und den Fertigkeiten, bei den Affekten, bei der Konzentration, bei der investierten Anstrengung. Letztendlich kann auch all dies Auswirkungen auf den Lern- und Studienerfolg haben.

Anhand einer clusteranalytischen Auswertung ließen sich vier Gruppen digitaler Leserinnen und Leser ausmachen. Verloren, abgehängt oder ausgeschlossen (Excluded) war dabei die vierte Gruppe: Sie beklagt einen schlechten digitalen Zugang (meist nur über das

Smartphone). Entscheidend ist das aber nicht. Viel mehr spielen negative Einstellungen gegenüber digitalen Texten, ein geringes Maß an intrinsischer Motivation, unzureichende digitale Fertigkeiten sowie das unbedingte Festhalten-Wollen am Papierlesen eine Rolle. Die Ausgeschlossenen sind auch diejenigen, die beim digitalen Lesen vermehrt über Konzentrationsprobleme klagen, von Kopfschmerzen, Augenproblemen und Müdigkeit berichten.

Wie kann man sie unterstützen? Wo es an einer zugewandten Einstellung und an Offenheit, an der rechten Motivation und an den notwendigen digitalen Skills mangelt, ist neben Vermittlungs- auch Überzeugungsarbeit gefragt. Wo technologische Hilfen erforderlich sind, sollten sie bereitstehen. Auf der anderen Seite ließen sich für die digitalen Skeptikerinnen und Skeptiker leicht nicht-digitale Alternativen anbieten, um ihren Print-Präferenzen entgegenzukommen. Ein kostenneutraler Zugang zu öffentlichen Druckern wäre hier eine Möglichkeit. Vergessen wir nicht: Mit Blick auf das verstehende Lesen ist eine Entscheidung für den gedruckten Text nicht unvernünftig.

■ Narrative Texte

Nach allem, was man weiß, ist mit dem Lesen digitaler Erzähltexte kein wesentlicher Nachteil verbunden. Damit wäre es eine Frage der persönlichen Vorlieben, ob zum Vergnügen und zur Unterhaltung auf dem E-Reader oder im Papierbuch gelesen wird. Sekundärvorteile, wie die leichtere Zugänglichkeit und die allgegenwärtige Verfügbarkeit des elektronischen Buchs mögen dann mehr oder weniger bedeutsam wiegen als der mögliche Nachteil eines vergleichsweise flüchtigeren und weniger detailgenauen Behaltens einer Geschichte. Einschränkend ist aber darauf hinzuweisen, dass in der wissenschaftlichen Forschung hauptsächlich das Lesen von Sachtexten untersucht wurde. Die Forschungslage zum digitalen Lesen narrativer Texte ist vergleichsweise dünn.

Im Jahr 2021 wurden in Deutschland 38 Millionen E-Books verkauft, im Wesentlichen belletristische Bücher. Der Umsatzanteil von E-Books am gesamten Buchmarkt hat sich innerhalb von zehn Jahren nahezu verzehnfacht, stagniert aber seit einigen Jahren zwischen fünf und sechs Prozent. Es ist im Bereich der Belletristik nicht zu erwarten, dass die E-Books die gedruckten Bücher verdrängen werden. Die freie Wahl bleibt also erhalten. Ganz anders übrigens bei den traditionellen Nachschlagewerken und Lexika, die es mittlerweile nur noch elektronisch gibt. Die Encyclopaedia Britannica wird schon seit mehr als zehn Jahren nicht mehr in gedruckter Form aktualisiert – ein Aus nach 244 Jahren. Schon bei der Auslieferung sei eine Neuauflage bereits wieder veraltet gewesen, heißt es in der nachvollziehbaren Begründung des Verlags. Das gilt auch für den deutschen Brockhaus, der gut 200 Jahre lang gedruckt zu haben war und in regelmäßigen Abständen aktualisiert wurde. Zuletzt waren die 30 Brockhaus-Bände rund 70 Kilo schwer. Jetzt gibt es die digitale Brockhaus-Enzyklopädie auf Basis der letzten gedruckten Ausgabe federleicht auf dem Smartphone online für sechs Euro im Monat oder für 60 Euro im Jahr im Abo für Privatpersonen – sie wird von einem festen Redaktionsteam ständig aktualisiert. Für den Bildungsbereich können günstige Lizenzen erworben werden.

Bei den erwachsenen Leserinnen und Lesern narrativer Texte verläuft die Grenze nicht zwischen denen, die im Print- oder im Digitalformat lesen. Sondern zwischen jenen, die überhaupt lesen, und jenen, die gar nicht (mehr) lesen. »Gelingendes Lesen [ist] nicht eine Frage von digital oder analog«, sagt deshalb der Mainzer Literaturwissenschaftler Gerhard Lauer (2020, S. 101) zu Recht. Für das Lesen von Erzähltexten – in der Literaturwissenschaft oftmals mit dem tiefen und selbstvergessenen (immersiven) Lesen gleichgesetzt – ist nicht notwendigerweise vom E-Reader abzuraten. Denn den hypertexterfahrenen Online-Leserinnen und -Lesern von Sachtexten ist es durchaus zuzutrauen, dass sie vom überfliegend-kursorischen Lesen zum vertieften Lesen wechseln können, wenn sie anstelle des Sachtextes auf dem Laptop einen Roman auf dem E-Reader oder Tablet lesen. Ernst zu nehmen, wenn auch mit empirischen Daten bislang nicht unterlegt, ist allenfalls das Argument von Cornelia Rosebrock, wonach es im Zuge der Lesesozialisation notwendig sei, zunächst im Printmedium den Deep-Reading-Modus zu verankern, weil das Bildschirmlesen zu sehr das überfliegend-zweckorientierte Lesen nahelege und begünstige. Wer aber das tiefe Lesen (auf Papier) gar nicht erst erlernt habe, könne kaum auf dem digitalen Endgerät zwischen den beiden Lesemodalitäten hin- und herwechseln – so die Literaturdidaktikerin der Frankfurter Goethe-Universität.[18] Wenn das Online-Lesen frühzeitig dominiert, kann die oberflächliche Lesehaltung leicht zum Standard oder Default werden, der als Mindset eine immersive Lesehaltung bedrohen oder gar verunmöglichen kann.

HÖRBÜCHER

Zukunft Hörbuch? Oder ist der Trend schon gebrochen? Der Umsatzanteil mit Hörbüchern im deutschen Buchhandel ist rückläufig und liegt derzeit bei weniger als zwei Prozent.[19] Allerdings sind dabei weder das Hören von Podcasts noch von Radiosendungen zum Nachhören, das Nutzen von Streaming-Diensten oder der Audio-Angebote der öffentlichen Bibliotheken enthalten. Etwa drei Millionen Menschen hören regelmäßig Bücher, vor allem zum Entspannen zu Hause, in öffentlichen Verkehrsmitteln, im Auto oder zum Einschlafen. Eine Besonderheit, die das Buchhören vom Buchlesen unterscheidet, ist seine Vereinbarkeit mit anderen (nicht kognitiv kontrollpflichtigen) Aktivitäten wie Spazierengehen, Autofahren oder Sporttreiben. Sofern mit dem individuellen Buchhören nicht zugleich eine Reduktion des herkömmlichen Buchlesens verbunden ist, kann für die literarische Erfahrungsbildung wie das Sachbuch-Hören mithin von einer Win-win-Situation gesprochen werden. Sie erfahren eine zeitliche Ausdehnung und dringen in andere Lebensbereiche ein. Was aber bringt es, mit den Ohren zu lesen?

Eine notwendige Unterscheidung ist zunächst einmal zwischen dem Buch-Hören zum Vergnügen und zur Unterhaltung auf der einen Seite und dem Buch-Hören zu Lern- und Studienzwecken auf der anderen Seite zu treffen. Letzteres beinhaltet auch den gezielten pädagogischen Einsatz einer Audio-Unterstützung beim gleichzeitigen Lesen eines Textes bzw. bei der Bildbetrachtung.

Beginnen wir mit dem zuletzt genannten Punkt: Aus der Kognitiven Theorie des Multimedialen Lernens folgt, dass verbal kodierte Informationen, die zugleich in geschriebener (als Text) wie in gesprochener Form (als Audio) präsentiert und somit zugleich visuell sowie auditiv wahrgenommen werden, im Sinne eines positiven *Multimedia-*

Effekts der Doppelkodierung wirksam sein können – sofern auf Begrenzungen der menschlichen Informationsverarbeitung Rücksicht genommen wird. Voneinander ablenken oder einander widersprechen dürfen die zeitgleich visuell und auditiv wahrgenommenen Informationen nämlich nicht, sonst stiftet das Verwirrung. Vor allem ist auf deren räumlich-zeitliche Gleichzeitigkeit (Kontiguität) zu achten, sonst kommt es zu einer beeinträchtigenden Aufmerksamkeitsteilung zwischen beiden Modalitäten.

Als *Modalitätseffekt* bezeichnet man den Umstand, dass sich die zugleich visuell und auditiv wahrgenommenen Informationen im Grunde effizienter verarbeiten lassen als die rein visuell oder rein auditiv vermittelten. Beide Teilsysteme des Arbeitsgedächtnisses werden so genutzt, was von Vorteil sein kann. Ganz so einfach ist die Sache allerdings nicht. Negativ kann sich nämlich ein sogenannter *Redundanzeffekt* auswirken. Wird ein Text vorgelesen (also auditiv wahrgenommen) und gleichzeitig gelesen (also visuell wahrgenommen), braucht es kognitive Ressourcen, um die Übereinstimmungen des Wahrgenommenen zu prüfen, gegebenenfalls Abweichungen zu erkennen sowie um die beiden Inputs zu synchronisieren. Das kann die Verstehens- und Behaltensleistungen schmälern, statt sie zu befördern. Vor allem dann, wenn die Lesenden bereits über ein profundes Vorwissen bezüglich der Textinhalte verfügen, können die Redundanzen verstören (*Expertise-Umkehr-Effekt*). Gute Leserinnen und Leser werden beim Textlesen dem Lautsprecherton immer ein paar Worte voraus, also schneller sein. Für schwächere Leserinnen und Leser sind die Redundanzen hingegen möglicherweise hilfreich.[20] Aber nur, wenn eine Überlastung des kognitiven Apparats vermieden wird.

Hörbuch und Buch müssen aber nicht unbedingt kombiniert, sondern können einander auch mit Blick auf ihre Lernwirksamkeit gegenübergestellt werden. Von Patricia Alexander stammt eine aktuelle Metaanalyse zur Lernwirksamkeit von Hörbüchern.[21] Wenn es um Sachtexte geht, wird demnach durch das Lesen (Print) mehr behalten als durch das Hören desselben Textes (solo Audio). Für das Hören bzw. Lesen von narrativen Texten gibt es einen solchen Unterschied nicht. Allerdings haben die Buch-Hörerinnen und -Hörer, anders als die Lesenden, auch die vergleichsweise randständigen

Details in ihren Zusammenfassungen einer Geschichte festgehalten. Interessant sind die Ergebnisse aus Studien, in denen eine *Co-Präsentation* von Hörbuch und Buch vorgenommen wird. Die meisten der in der Metaanalyse verwendeten Studien gehörten zu diesem Typus. Die Hinzunahme der auditiven Modalität hat bei Erzähltexten zu deutlich besseren Behaltensleistungen geführt, als wenn die Texte nur gelesen wurden. Bei darstellenden Texten hat die Hinzunahme des Auditiven hingegen nichts gebracht.

Die Schlussfolgerung ist naheliegend, dass sich die Struktur komplexer Sachtexte weniger gut für das Lesen mit den Ohren eignet, als es bei den Erzähltexten mit dem ihnen inhärenten Aufbau und einer strukturierenden Handlung der Fall ist. Man kann sich beim Hören von Sachtexten weniger gut konzentrieren, neigt zu Unterbrechungen und die Gedanken gehen noch leichter als beim digitalen Lesen auf Wanderschaft. Beim Hören von Romanen, Krimis, Biografien – und die allermeisten Hörbücher entfallen auf diese Sparten – muss das kein Nachteil sein. Zur Unterhaltung und zum Vergnügen spricht also aus kognitions- wie aus motivationspsychologischer Sicht nichts gegen das Lesen mit den Ohren. Man sollte sich allerdings darüber im Klaren sein, dass die Eindrücke weniger dauerhaft sein werden als beim Lesen gedruckter Bücher und dass man sich mehr konzentrieren muss, wenn man auch Details behalten will.

Kinder im Grundschulalter und Jugendliche mit besonderen Bedürfnissen (sowie beim Erlernen einer Zweitsprache) profitierten in besonderer Weise davon, wenn das Lesen mit dem Hören kombiniert wird. Aus pädagogischer Sicht ist dies wohl die wichtigste Erkenntnis zur komplementären Audio-Unterstützung.[22] Es bedarf allerdings weiterer Studien, um die Potenziale und Grenzen solcher Co-Präsentationen – in Abhängigkeit von Merkmalen der Lernenden selbst – genauer auszuloten. Was für die einen gut ist, muss längst nicht für alle passen.

Wo hingegen Jugendliche und Erwachsene mit zunehmend längeren und komplexeren Sachtexten zu tun haben, scheint der pädagogische Nutzen der Audio-Books vernachlässigbar gering. Erst recht, wenn sie nicht komplementär zu den Lesetexten, sondern anstelle dieser genutzt werden. Die Vorteile des Geschriebenen gegenüber dem Solo-Audio-Input sind leicht zu benennen: Leserinnen und

Leser bestimmen selbst über die (Lese-)Geschwindigkeit, können leichter im Text vor- und zurückspringen und ganze Textpassagen auslassen, wenn es ihnen sinnvoll erscheint.

Wer dennoch zum Lernen auf Audio-Books oder Podcasts anstelle des Print-Mediums setzt, dem empfiehlt Naomi Baron das gezielte wiederholte Hören wichtiger Textstellen (Zurückspulen), das Anfertigen von Notizen während des Hörens, das Erstellen von Zusammenfassungen, das Selbstprüfen des Verstehens und Behaltens sowie das Einteilen des Audio-Inputs in handhabbare Häppchen. Nicht zufällig erinnert das an jene Empfehlungen, die bereits für das digitale Lesen ausgesprochen wurden. Mehr noch als beim digitalen Lesen muss man beim Solo-Audio-Input einem passiv-konsumorientierten Mindset entgegenarbeiten: Zuhören funktioniert bei Sachtexten eben nicht nebenbei! Und die Leichtigkeit des Gleichzeitigen geht beim konzentrierten Zuhören verloren: Beim Sport lassen sich schlecht Notizen anfertigen.

WAS TUN?

Im analogen Leben haben digitale Medien ihren berechtigten Platz. Das Lesen auf digitalen Endgeräten ist normal. Unterschiedliche Lesemodalitäten – wie etwa das überfliegende, zweckorientierte und informationssuchende Lesen auf der einen Seite und das tiefe, gründliche und weltvergessene Lesen auf der anderen – sind nicht notwendigerweise an das Bildschirmlesen auf der einen Seite oder an das Lesen auf Papier auf der anderen gekoppelt. Allerdings gehen wir mit unterschiedlichen Voreinstellungen (Mindsets) an das Papier- oder Bildschirmlesen heran. Wenn es um Sachtexte geht, die verstehend am Bildschirm gelesen werden, muss man sich um ein gründliches und sorgfältiges Lesen aktiv bemühen (Deep Reading). Dazu gehört eine Verlangsamung des Leseprozesses. Wenn es um das Online-Lesen multipler Dokumente geht (Hyper Reading), sind Quelleninformationen zu berücksichtigen.

16 Eine **Sowohl-als-auch-Haltung** gegenüber analogen und digitalen Leseangeboten und -erfordernissen zeichnet die kompetenten Leserinnen und Leser aus. Unterschiedliche Leseanlässe und -gelegenheiten gehen mit unterschiedlichen Lesemodalitäten einher. Sie lassen sich auf dem Papier und am Bildschirm bewältigen.

17 **Slow Reading** statt Speed Reading ist das Gebot der Stunde, wenn es um die Optimierung des verstehenden Lesens auf digitalen Endgeräten geht. So lässt sich der Bildschirmunterlegenheit entgegenwirken. Für das Lesen von Hypertexten muss das Suchen, Finden und Auswählen verlässlicher Texte bzw. Informationen gelernt werden.

18 Beim Online-Lesen (wie auch beim Lernen über Audio) muss man sich der **»Multitasking-Problematik«** und der Gefahr einer kognitiven Überlastung bewusst sein. Exzessive multimediale Erfahrungen tragen nicht dazu bei, Prozesse der Aufmerksamkeitssteuerung zu optimieren.

Handgeschriebene Notizen und digitales Lesen stehen nicht im Gegensatz. Besser als das Tastaturschreiben fördern handschriftliche Notizen den Aufbau von Gedächtnisinhalten. Mit Tablet und Digitalstift lassen sich Handschreiben und Elektronik innovativ verbinden. Ein mediales Crossover kann dabei vorteilhaft sein.

19 Ein **mediales Crossover** kann das Digitale mit dem Analogen verbinden. Beim Lesen auf dem Tablet empfiehlt sich das handschriftlich-elektronische Notizenmachen mit einem Digitalstift oder das analoge Notizenmachen. Weil wir in Arbeitszusammenhängen oftmals lesen, um (später) zu schreiben, können die digitalen Notizen zum leicht verwertbaren Input späterer Textproduktion werden.

Mit dem Bereitstellen von Tablets und digitalen Texten ist es nicht getan. Digitales Lesen muss gelernt werden – auf digitale Leistungsüberprüfungen muss man vorbereitet sein. Für das digitale Lesen in Lern- und Studienzusammenhängen braucht es Hilfen und Unterstützungen technischer und strategischer Art.

20 Damit sich bei den ohnehin recht heterogenen Leseleistungen nicht zusätzlich eine digitale Kluft auftut, muss es adäquate Hilfs- und Unterstützungsangebote geben, die weit über das bloße Bereitstellen der Hard- und Software hinausreichen. Und für die digitalen Skeptikerinnen und Skeptiker sollte es das Lesen auf Papier als Alternativangebot geben.

Wie lernt man das?

Idealerweise ist das digitale Lesen bereits *in der Schule* gelernt worden – aufgrund von Erfahrungen, durch Aufklärung und Anleitung, durch die explizit-informierende Vermittlung von Lesestrategien. In den Kompetenzprofilen der Kultusministerkonferenz (KMK), zuletzt aktualisiert durch eine ganze Reihe wertvoller Empfehlungen der Ständigen Wissenschaftlichen Kommission der Kultusministerkonferenz (SWK), ist das jedenfalls so vorgesehen.[23] Mit den digitalen Kompetenzen der Achtklässler ist es allerdings nicht weit her, wie wir aus der bereits eingangs erwähnten Studie ICILS 2018 wissen. Ein Drittel der Schülerinnen und Schüler in Deutschland weist demnach lediglich rudimentäre computer- und informationsbezogene Kompetenzen auf. Auch an Fortbildungsangeboten für die Lehrpersonen fehlt es.[24]

Wie *Eltern* jenseits ihrer digitalen Erziehungs- und Restriktionsmaßnahmen speziell das digitale Lesen ihrer Kinder fördern bzw. begleiten können, ist so leicht nicht zu sagen. Eine Schwierigkeit besteht darin, dass die Eltern der Kinder und Jugendlichen selbst nicht immer über die notwendigen Kenntnisse und Fertigkeiten verfügen, um Anleitungen und Hilfestellungen geben zu können. Für das Navigieren im Internet und zur Prüfung der Seriosität der Informationsquellen sowie zu Fragen der Sicherheit im Internet im Allgemeinen gibt es Tipps für Eltern auf dem Deutschen Bildungsserver, beim Interessenverband Bitkom sowie über eine Reihe weiterer Portale (zugänglich etwa über die Bildungsserver oder Kultusministerien der Länder). Dort gibt es auch Angebote, die sich direkt an die Kinder und Jugendlichen wenden.[25]

Beispielhafte Initiativen zur Leseförderung in der digitalen Welt sind in Zusammenarbeit mit den Öffentlichen Bibliotheken entstanden, so etwa im vorschulischen Bereich die Lesestart-Programme des Bundesbildungsministeriums und der Stiftung Lesen oder als außerschulische Angebote die verschiedenen Lese-Mentoring-Programme. Ein gutes Praxisbeispiel ist auch das vom Deutschen Bibliotheksverband gemeinsam mit dem Bundesbildungsministerium aufgelegte Programm »Total Digital! Lesen und erzählen mit digitalen Medien«. Schulbibliothekarische Arbeitsstellen der Öffentlichen Bibliotheken sind im Bereich der digitalen Leseförderung ebenfalls aktiv – so betreut und unterstützt z. b. die entsprechende Einrichtung der Frankfurter Stadtbibliothek über 100 Schulbibliotheken. Am Zugang zu digitalen Geräten mangelt es in Deutschland, anders als anderswo, nicht. Eher an den notwendigen Lernerfahrungen, an den benötigten Kompetenzen sowie an den Einstellungen und Werthaltungen gegenüber digitalen Lernmedien (gelegentlich auch an der Motivation).

Besonders verbreitet ist das digitale Lesen *an den Universitäten*. Auch dort kann und muss es Hilfestellungen und Angebote geben, damit sich aus vorhandenen digitalen Klüften hinsichtlich des Zugangs, praktischer Erfahrung, Kompetenz und Einstellung mit und gegenüber digitalen Medien keine weiteren Spaltungen in Bezug auf die Lern- und Leseleistungen auftun, wenn vornehmlich digital gelesen werden muss. Nicht jede und jeder weiß, wie sich digitale Notizen in ein digitales Dokument einfügen lassen. Längst nicht jede und jeder kennt und nutzt die innovativen Möglichkeiten des kollaborativen (sozialen) Annotierens beim gemeinsamen Arbeiten an digitalen Texten.

Die kostenfreie Lernplattform *Perusall* ist nur ein Beispiel dafür, wie Lehrpersonen mit ihren Studierenden oder Studierende untereinander die Praxis des sozialen Annotierens nutzen können, um wissenschaftliche Texte online zu lesen und zu bearbeiten.[26] Unklarheiten können online markiert, Fragen gestellt, Anmerkungen gemacht werden. Andere Nutzerinnen und Nutzer antworten darauf oder schreiben Kommentare (Social Reading). Eine Evaluationsstudie spricht für die Lernwirksamkeit von Perusall. Weitere webbasierte kollaborative Tools sind Padlet, Slides oder Oncoo. In diesem Umfang kollaborativ ließe sich das analoge Lesen gar nicht gestalten. Auch für das Unterhaltungslesen haben sich längst soziale Plattformen des Austauschs etabliert, wie etwa Goodreads, BücherTreff oder LovelyBooks.

7 Potenziale, Risiken und Nebenwirkungen

Digital ist das neue Normal, oder wie es Naomi Baron präziser formuliert hat: Digital ist ein Teil der neuen Normalität. Ob E-Book, E-Paper, Hypertext, Audio-Book oder Podcast: Am Lesen oder Hören auf digitalen Endgeräten kommt niemand mehr vorbei. Warum auch? Es ergänzt das Lesen auf Papier – ersetzen kann es das analoge Lesen nicht.

Erwachsene wählen ihre Lesemedien nach ihren Vorlieben und nach Gesichtspunkten der Zweckmäßigkeit aus. So wie Laura (21), die meine Vorlesung in Präsenz, aber mit Tablet und Digitalstift verfolgt. Als wesentliche Vorteile nennt sie das digitale Notizenmachen in den Vorlesungsfolien und in den zu lesenden Texten. Durch Handschrifterkennung wandeln gängige Textverarbeitungsprogramme das handschriftlich auf dem Tablet Notierte in digitale Textbausteine um. Sie stehen für weitere Arbeitsschritte zur Verfügung. Nachteilig findet Laura eigentlich gar nichts. Wenn es langweilig wird, müsse man sich halt mehr als sonst disziplinieren, um nicht in andere digitale Funktionen abzugleiten. Aber bei langweiligen Vorlesungen würde man sich auch ohne digitale Versuchungen vom aktiven Zuhören verabschieden.

Der Mainzer Germanist Gerhard Lauer rät generell zur Gelassenheit. Und auch dazu, die großartigen Potenziale des digitalen Lesens mehr ins Bewusstsein zu rücken, als dies die kulturpessimistischen Kritikerinnen und Kritiker wahrhaben wollen. Die am Ende des vorigen Kapitels erwähnten Social-Reading-Möglichkeiten gehören zu diesen neuartigen Potenzialen. Ähnlich innovative Möglichkeiten gibt es auch für das soziale literarische Schreiben, so etwa auf den Plattformen Wattpad oder FanFiktion.

Zweifellos eröffnen die digital (sowie audiogestützt) bereitgestellten Texte eine Reihe von Möglichkeiten, Kindern und Jugendlichen mit besonderen Bedürfnissen weitreichender entgegenzukommen, als dies mit analogen Lesemedien geschehen könnte. Gemeint sind vor allem Kinder und Jugendliche mit Lern- und Entwicklungsstörungen, einer ADHS oder mit sprachlichen Defiziten. Auch beim Lernen einer zweiten Sprache können digitale Angebote hilfreich sein. Individuell angepasste Texte erlauben ein Höchstmaß an individueller Förderung. Die im digitalen Format vergleichsweise leicht realisierbaren Anpassungen können sich auf die Textlänge und -schwierigkeit beziehen, aber auch auf Merkmale der Typografie (z. B. Seitenformat, Satzspiegel, Zeilenlänge, -anzahl und -abstand, Schriftart und -größe, Zeichen- und Wortabstand). Zudem gibt es Formen der Co-Präsentation von Texten mit zusätzlichen visuellen oder auditiven Hilfen. Allerdings wissen wir längst noch nicht genügend darüber, welche Anpassungen bei welchen Indikationen besonders hilfreich sind. »Viel hilft viel« ist nicht unbedingt die richtige Devise. Denn gerade bei Kindern und Jugendlichen mit Lern- und Entwicklungsstörungen ist darauf zu achten, dass mit den realisierten Hilfestellungen nicht zusätzliche Anforderungen an die Aufmerksamkeits- und Gedächtnisprozesse verbunden sind, die das Lernen eher erschweren.

Auf ganz andere Potenziale mobiler digitaler Endgeräte macht eine Forschungsinitiative aufmerksam, der auch Maryanne Wolf angehört.[1] In Anlehnung an das Schlagwort vom »Global Village« wird für weltweit frei zugängliche Web-Plattformen zur Sprach- und Leseförderung für Kinder, Jugendliche und Erwachsene plädiert, die in Dörfern ohne Schulen oder in Staaten ohne funktionierendes Bildungswesen leben. Auch beim Vorliegen anderer Bildungsrisiken könnten solche Angebote zur »Global Literacy« zum Einsatz kommen – es braucht eigentlich nur ein Smartphone und einen Internetzugang dafür. Erste Fallstudien aus zwei afrikanischen und einer US-amerikanischen Stichprobe stimmen zuversichtlich.

Wer Potenziale anpreist, darf über Risiken und mögliche Nebenwirkungen nicht schweigen. Bevor sie – mit Blick auf die digitalen Praktiken im Kleinkind-, im Schul- und im Erwachsenenalter – benannt und als »beherrschbar« bezeichnet werden, sei daran erinnert, dass es um ein Entweder-oder nicht gehen kann. Die Verweigerung des Digitalen ist keine sinnvolle Option. Deshalb braucht es ein *Sowohl-als-auch-Mindset* – sowie ein kluges und aufgabenangepasstes Wechseln zwischen Lesemodalitäten und Lesemedien. Für Pädagoginnen und Pädagogen bedeutet dies: Auf die Mischung kommt es an. Nötig ist ein didaktisches Gesamtkonzept, das vom individuellen bis zum kollaborativen Lesen sowie von Blended-Learning-Konzepten bis zum Flipped Classroom reicht – und bei alldem mit Ganzschriften (Langtexten), Einzeltexten und multiplen Texten arbeitet, die auf Papier und am Bildschirm präsentiert werden. Kristen Turner bezeichnet dies als *verbundenes Lesen* (Connected Reading).[2]

IM KLEINKINDALTER

Bei den 0- bis 5-Jährigen geht es im Wesentlichen um das digital gestützte Vorlesen und um das selbstständige Nutzen von Bilderbüchern mit Vorlesefunktion. Durch die Touch-Revolution liegt die Bediengrenze für solche Medien mittlerweile schon unterhalb des ersten Geburtstags. Als Tastatur und Maus noch für die Nutzung der elektronischen Bilderbücher erforderlich waren, haben sich die unter 2-Jährigen schwerer getan, weil die feinmotorischen Anforderungen höher sind als für das bloße Wischen und Berühren.

Nur mit Mühe lassen sich die papierenen Formen des begleiteten dialogischen Vorlesens auf die Tablet-Anwendung retten. Vorteile gegenüber der Nutzung gedruckter Bilderbücher sind damit nicht verbunden – also spricht Einiges dafür, beim herkömmlichen Bilderbuch zu bleiben. Mit den elektronischen Animationen können die Eltern beim dialogischen Vorlesen ohnehin nicht konkurrieren – die Kinder interagieren dann lieber direkt mit dem Bildschirm und benötigen die Elternbegleitung gar nicht mehr.

Das gemeinsame (begleitete) Lesen von herkömmlichen Bilderbüchern bietet eine ideale Möglichkeit, die Förderung der literalen Sozialisation mit einer Intensivierung der Eltern-Kind-Bindung zu verknüpfen. Überhöhen darf man den Bindungsaspekt in Bezug auf das Vorlesen aber auch nicht. Positive Bindungserfahrungen können und sollen schließlich auch anhand anderer gemeinsamer Unternehmungen und Interaktionen gemacht werden, so etwa beim gemeinsamen Laufen, Basteln oder Spielen.

Wo den Kleinkindern keine dialogische Vorlesepartnerin bzw. kein Vorlesepartner zur Verfügung steht, sollte alles Mögliche unternommen werden, eine solche oder einen solchen zu finden. Wenn dies erfolglos bleibt, ist das selbstständige Bilderbuchlesen am Bildschirm, unter Nutzung von Wörterbuch- und Vorlesefunktion, eine Option. Für die sozial-emotionale Entwicklung ist damit zwar kein Vorteil verbunden, aber die Sprachentwicklung der (besonders bedürftigen) Kinder profitiert davon. Mit unerwünschten Nebenwirkungen ist allerdings zu rechnen, wenn die Animationen eher ablenken als unterstützen. Dringend erforderlich ist deshalb eine Qualitätskontrolle der elektronischen Angebote.

Kinder, die in sozialen und bildungsbezogenen Risikolagen aufwachsen, sind darauf angewiesen, dass sie auch in den Kitas vorgelesen bekommen und dort die sprachliche Anregung und Förderung erfahren, an der es im Elternhaus mangelt. Mit den Kita-Schließungen, zu welchen es im Zuge der Coronapandemie gekommen ist, hat es hier Einbußen gegeben und an Lerngelegenheiten gefehlt. Es ist zu befürchten, dass dies die ohnehin schon existierenden sozialen Disparitäten weiter vergrößert hat.

Wo aber Gefahr ist, wächst das Rettende auch, so Friedrich Hölderlin. Im jüngsten Bildungsbericht sind die Auswirkungen der pandemiebedingten Kita-Schließungen in Deutschland von Frühjahr bis Herbst 2020 mit Blick auf die sozial und sprachlich benachteiligten Kinder problematisiert worden.[3] Viele Eltern (vor allem waren es die Mütter) haben die Kita-Schließungen durch ein vermehrtes Vorlesen zu kompensieren versucht. Wenn das häufigere Vorlesen mit einem geringeren Fernsehkonsum der Kinder einherging, haben die unter 3-Jährigen im Hinblick auf ihre sprachliche Entwicklung besonders davon profitiert. Zumindest in dieser Hinsicht haben die Eltern den Verlust einer alltagsintegrierten Sprachförderung in den Kitas also ausgleichen können. Natalia Kartushina von der Universität Oslo, die eine mehr als 1.700 Kleinkinder in insgesamt 13 Staaten umfassende Studie koordiniert hat, kommt zu diesem Schluss. Der Befund hat auch dann Bestand, wenn eine Reihe weiterer Einflussgrößen der Sprachentwicklung statistisch kontrolliert werden. Wieder zeigt sich die hohe Bedeutsamkeit des frühen Vorlesens.[4] Problematisch bleibt, dass Mädchen häufiger vorgelesen wird als Jungen, dass erwerbstätige Mütter und Mütter mit höherem Bildungsniveau ihren Kindern mehr vorlesen als andere und dass es bei einem niedrigeren Bildungsniveau der Mütter zu einem höheren Fernsehkonsum der Kleinkinder gekommen ist.

IM SCHULALTER

In der Schule sollen Bildungsziele erreicht werden. Der Einsatz digitaler Lesemedien wird dazu unerlässlich sein – und die digitale Lesekompetenz ist selbst ein wichtiges Bildungsziel. Lehrkräfte müssen sich darüber im Klaren sein, dass es einer verantwortungsvollen Reflexion über Wirkungen und Nebenwirkungen des Bildschirmlesens bedarf. Nicht alles, was digital möglich, leicht zugänglich, kostengünstig sowie überall verfügbar ist, muss pädagogisch sinnvoll sein. Anderes, was analog gar nicht oder nicht so leicht möglich ist, wie etwa das kollaborative Lesen und Schreiben oder die Durchführung von Live-Umfragen, Abstimmungen und Quiz über entsprechende Apps, sollte hingegen häufiger erwogen werden.

Das Online-Lesen erschließt Informationsquellen und eröffnet Einsichten, wie es beim analogen Fließtextlesen gar nicht denkbar wäre. Man denke nur an die Möglichkeiten multipler Dokumente mit Hyperlinks und Querverweisen auf andere Quellen mit Text-, Bild- und Tonmaterial oder an das Nutzen von Suchfunktionen innerhalb von Texten. Allerdings bedarf es besonderer Anstrengungen, dass diese Vorteile nicht durch eine Tendenz zum raschen, flüchtigen und oberflächlichen Lesen zunichtegemacht werden. Ob das digitale im Vergleich zum analogen Lesen einen Mehrwert hervorbringt, ist die falsche Frage. Eine Rohrzange bringt auch keinen Mehrwert gegenüber einem Hammer, wenn es darum geht, einen Nagel in die Wand zu schlagen. Man kann aber mit der Rohrzange Probleme lösen, für die sich der Hammer nicht eignet. Gut ist, wenn man beides zur Verfügung hat und weiß, mit den Werkzeugen sicher umzugehen. Ebenso gut, wenn man über inhaltliche Vorkenntnisse über einen Lerngegenstand verfügt. Dann ist die mediale Frage zweitrangig. Ganz ohne Vorkenntnisse kann das Online-Lesen zu verheerenden Ergebnissen führen.

Die Möglichkeiten digitaler Informationsrecherchen scheinen nahezu unbegrenzt. Natürlich bergen sie auch Risiken und Gefahren. Wo sie sichtbar und explizit gemacht werden, sind sie aber beherrschbar. »Wer steckt hinter einer Info-Seite? Wie gut sind die Argumente? Was sagen andere Quellen?« Gerade für den Umgang mit Hypertexten sind die Aufklärungsmaterialien, Initiativen und Trainingsprogramme für Kinder und Jugendliche eine wichtige Hilfe (▶ Kap. 5). Maßnahmen zur Professionalisierung und Fortbildung von Lehrpersonen sind in diesem Zusammenhang dringend nötig.

ERWACHSENE

Für das *Vergnügungslesen* ist es mehr oder weniger Geschmackssache, ob man auf Papier, auf dem E-Reader oder – das wird wohl am häufigsten vorkommen – in beiden Medien liest. Sekundäre Vor- und Nachteile haben beide. Das Buch kann man knicken und zerreißen – das Lesegerät muss ab und zu geladen werden. Ob der Sekundärvorteil des E-Readers – dass man ziemlich viele Bücher an beliebigen Orten und zu allen möglichen Zeiten lesen kann – den Nachteil eines flüchtigeren Behaltens ausgleicht, muss jede und jeder selbst entscheiden. Vergnüglich lässt sich auf beiden Medien lesen. Das ausgelesene Buch kommt ins Regal, zurück in die Stadtbücherei, ins Altpapier oder es wird verschenkt oder verkauft. Das defekte Lesegerät kommt in die Wertstoffdeponie zum Elektroschrott. Die Dateien überleben in der Cloud. Wer etwas digital ausleiht, bezahlt mit seinen Daten. Nicht nur Zugriffe auf Internetseiten werden gezählt. Beim Ausleihen und Lesen elektronischer Bücher fallen auch Informationen darüber an, ob, wie lange und bis zu welcher Seite gelesen wurde.[5] Eigens für das Digitale geschriebene oder eingesprochene Romane ließen sich mithin adaptiv optimieren, indem Autorinnen und Autoren oder Verlage das tatsächliche Leseverhalten der Leserinnen und Leser zum Anlass für Kürzungen, Vertiefungen oder Fortsetzungen nehmen würden. Auch eine Form der Interaktivität.

Primäre Vorteile des digitalen Lesens liegen ganz klar im Informationslesen. Das Suchen und Finden von Informationen sowie das überfliegende und selektive Lesen sind am Bildschirm effizienter. Primäre Vorteile des Lesens auf Papier gibt es für das verstehende, sorgfältige und konzentrierte Lesen längerer Sachtexte. Um auch am Bildschirm in einen solchen tieferen Lesemodus zu geraten, müssen wir uns aktiv bemühen! Unmöglich ist es nicht. Beim Lesen multipler Dokumente und beim Online-Lesen von Hypertexten müssen zusätzliche Herausforderungen bewältigt werden. Dafür eröffnen sie auch zusätzliche Erkenntnismöglichkeiten. Die dafür notwendigen Lesestrategien lassen sich vergleichsweise leicht erlernen. Schwieriger dürfte es sein, einer ungünstigen Voreinstellung, dem oberflächlich-orientierten Mindset, entgegenzuwirken.

Unser Gehirn, so der Zürcher Neurowissenschaftler Lutz Jäncke sinngemäß, sei für das Digitale nicht gemacht. Ohne die nötige Selbstdisziplin, so argumentiert er, kann das digitale Lesen deshalb nicht funktionieren, lässt sich den »Angriffen der digitalen Welt« nicht begegnen (Jäncke 2021b, S. 143): »Wählen Sie aus, was Sie lesen oder sich anschauen wollen! Suchen Sie nur nach dem, was Sie wirklich benötigen!« Seine anderen Tipps sind eher allgemeiner Art: »Entschleunigen Sie! Konzentrieren Sie sich! Schreiben Sie mit der Hand! Nehmen Sie digitale Auszeiten!«

Lesen ist mittlerweile ausgesprochen divers. Digitale Lesemedien sind Realität. Wie sich unser Erleben und Verhalten dadurch verändert, lässt sich wissenschaftlich untersuchen. Welche Schlüsse man aus den Resultaten solcher Untersuchungen zieht, ist eine andere Frage. In der literarischen Welt wird das Bildschirmlesen nicht selten als der absehbare Tod des Buches bezeichnet, dabei ist es doch viel eher – so Gerhard Lauer mit Blick auf Smartphone und Tablet – »sein Kaffeehaus«.[6] Vielleicht wird im digitalen Zeitalter sogar mehr gelesen als je zuvor. Nur eben anders und eingebettet in eine gänzlich andere Medienwelt. Eine unkritische Digitalisierungs-euphorie liegt dem Mainzer Literaturwissenschaftler fern – das kulturpessimistische Krisengerede allerdings auch.

Anders als der digitale Realist Gerhard Lauer steht die Neurowissenschaftlerin und Leseforscherin Maryanne Wolf für die digitalen Bedenken. Sie hat etwa die Besorgnis geäußert, dass wir die

Fähigkeit zum Deep Reading und zum Lesen längerer, anspruchsvoller Texte verlieren könnten, nachdem wir zu lange und zu oft digital gelesen hätten. Kann man Romane und Sachbücher etwa nicht mehr so gut lesen, wenn man tagtäglich überwiegend in den Hypertexten des Internets unterwegs ist?

Maryanne Wolf beschreibt einen Selbstversuch: Um herauszufinden, ob sich ihr eigenes Leseverhalten nach Jahren des beruflich bedingten Online-Lesens verändert hat, las sie ein Lieblingsbuch früherer Jahre erneut – »Das Glasperlenspiel« von Hermann Hesse, ein mehr als 900 Seiten umfassendes, anspruchsvolles Werk des deutschschweizerischen Schriftstellers. Das Experiment geriet zum Fiasko: Das langsame Tempo der Handlung, der komplizierte Satzaufbau, die unnötig schwer verständlichen Wörter verunmöglichten ihr das Lesen eines Buches, das sie als junge Frau noch mit Begeisterung gelesen hatte.[7] Auch der Versuch, langsamer zu lesen, brachte zunächst nichts. Wolf las nicht nur zu schnell, sondern auch zu oberflächlich, also mit einer Lesehaltung, die dem immersiven, vertieften Lesen nicht entspricht. Es hat Wochen gedauert, die oberflächlich-schnelle Lesehaltung zu überwinden und das eigene Lesetempo dem Handlungstempo des Buches anzupassen.

Maryanne Wolf macht das kursorische Lesen auf Digitalmedien und das veränderte Aufmerksamkeitsverhalten für ihr unpassendes Leseverhalten und für ihre Schwierigkeit, sich auf einen anspruchsvolleren Text einzulassen, verantwortlich. Richtig ist, dass das Bildschirm- und Online-Lesen die Tendenz zum schnellen, überfliegenden und selektiven Lesen verstärkt. Gleichsetzen sollte man das informationssuchend-zweckorientierte Lesen mit dem Medium des Digitalen allerdings nicht. Auch auf dem Papier kann rasch, flüchtig und selektiv gelesen werden – und auch am Bildschirm lässt sich langsam und sorgfältig lesen, so man sich bemüht. Nicht unbedingt die digitalen Texte sind also das Problem. Sondern ein beruflich sozialisierter Lesemodus, der in gänzlich pragmatischer, auf die unmittelbare Verwertbarkeit gerichteter Weise auf eine Textvorlage trifft.

Nachlese(n)

Niemand hat die Absicht, gedruckte Bücher durch elektronische zu ersetzen. Oder doch? Weder digitale Euphorie noch digitale Panikmache sind gute Ratgeber. In *Digital lesen. Was sonst?* sind Vor- und Nachteile des digitalen Lesens auf empirischer Grundlage dargestellt und bewertet worden. Grautöne sind dabei zutage getreten, wo sich Einige vielleicht ein klareres Schwarz-Weiß gewünscht hätten. Diese Komplexität müssen wir aushalten. Gut ist es jedenfalls, sich fortlaufend darüber zu informieren und immer wieder in seriösen Quellen *nachzulesen,* was es Neues zum digitalen Lesen gibt.

Weltweit sind die Forschungsaktivitäten und – damit verbunden – unsere Kenntnisse über das digitale Lesen in den vergangenen Jahren immens angewachsen. Dennoch wissen wir noch lange nicht genug. Oft resultieren aus den Befunden einer einzigen Studie neue Fragestellungen für viele weitere. Hinzu kommt: Nicht alle Studien sind aussagekräftig, nicht alle Vergleiche sinnvoll. In den ersten Zeilen von *Digital lesen. Was sonst?* wurde die Frage gestellt, ob man das digitale mit dem analogen Lesen überhaupt vergleichen kann. Man kann! Aber nicht alle Vergleiche sind hilfreich.

Ob Eltern ihren 2-Jährigen aus einem Basic E-Book oder aus dem gedruckten Buch vorlesen sollten, ist eine wenig interessante Frage. Gern wüsste man aber, unter welchen Bedingungen die angereicherten (Enhanced) E-Books auch ohne Elternbegleitung lernförderlich sind. Seltsam verquer wirken manchmal die Studien und Argumentationsmuster, wenn das digitale mit dem analogen Lesen verglichen wird. Denn das digitale Lesen eröffnet neuartige Möglichkeiten, für die es in der analogen Welt gar keine Entsprechungen gibt. Wenig sinnvoll ist es deshalb, wenn gedrosselte E-Books als digitale Klone quasi mit angezogener Handbremse gegen Print-Versionen mit gleichem Inhalt ins Rennen geschickt werden. Den eigentlichen Vorteil entfalten multiple digitale Dokumente, deren Funktionalitäten nutzbar sind, und nicht die digitalen Klone von Analogtexten. Wirksamkeitsstudien müssen sich mit Aspekten dieser Funktionalitäten beschäftigen und mit den Gelingensbedingungen des digitalen Lesens.

Um eine schräge Analogie zu bemühen: Seine eigentliche Stärke zeigt das E-Bike am Berg. So lässt sich auf dem Rad bergauf ein Ziel locker ansteuern, das ohne Akku-Unterstützung gar nicht erreichbar gewesen wäre. Das deutlich schwerere E-Bike hingegen in der Ebene im Off-Modus gegen ein normales Touren- oder Rennrad antreten zu lassen, ist ein unsinniger Wettbewerb – mit leicht vorhersehbarem Ergebnis: Mit dem E-Bike im Off-Modus fährt es sich in der Ebene schlechter als mit dem normalen Rad. Für unterschiedliche Anforderungen sind unterschiedliche Transportmittel funktional. Beherrschen sollte man sie beide.

Anmerkungen

Vorwort

1. Kinder spielen heutzutage viel weniger draußen als ihre Eltern und Großeltern in deren Kindheit. Der kanadische Gummistiefelhersteller Kamik hatte dazu eine Umfrage in Auftrag gegeben (Klugmayer 2018).
2. In John Hatties oft zitierten Metaanalysen wird für das digitale Lesen eine Effektstärke von $d = 0{,}17$ berichtet (Zierer 2021). Das ist ein kleiner positiver Effekt, der sich aus vielen Äpfeln, Birnen und Orangen zusammensetzt.

Digital lesen. Was sonst?

1. Die Zahlenangaben stammen aus den Erhebungen der OECD (2021), aus der Umfrage EU Kids Online (Hasebrink et al. 2019) und aus der KIM-Studie (mpfs 2021). Erwachsene verbringen in ihrer Freizeit im Schnitt 31 Stunden wöchentlich im Internet, im Wesentlichen mit dem Konsumieren von Filmen und Musik und auf Social-Media-Kanälen. Bei einer Lebenserwartung von 80 Jahren entspricht das 15 Jahren oder fast 19 % der Gesamtlebenszeit (Vienažindytė 2021).
2. Bitkom (2022). Der Bundesverband für Informationswirtschaft, Telekommunikation und neue Medien (Bitkom) vertritt mehr als 2.000 Unternehmen der digitalen Wirtschaft – und damit sichtbar eigene Interessen.
3. https://kinder-medien-monitor.de/wp-content/uploads/2021/08/KiMMo2021_Berichtsband.pdf (Zugriff am 24.10.2022).
4. Dieses Phänomen wird als Brain Drain bezeichnet (Ward et al. 2017). Zum Zusammenhang zwischen außerschulischer Smartphone-Nutzung und schulischer Leistung: Kates et al. (2018), Marker et al. (2018), Sunday et al. (2021). Zu negativen Effekten frühen Medienkonsums auf die kognitive Entwicklung: Gueron-Sela/Gordon-Hacker (2020), McHarg et al. (2020). Zu Auswirkungen auf die sozial-emotionale Befindlichkeit im Jugendalter: Odgers/Jensen (2020), Odgers et al. (2020).
5. Sälzer (2021).
6. Baron (2021), Salmerón et al. (2022).
7. Eickelmann et al. (2019).

1 Was, wie und wozu wir lesen

1 Dabei sind neuartige Formen der sozialen Interaktion und Kommunikation durch das Lesen (und Schreiben) kurzer Texte auf den digitalen Endgeräten überhaupt erst möglich geworden. Die Deutsche Akademie für Sprache und Dichtung hat in ihrem dritten Bericht zur Lage der deutschen Sprache die vielfältigen Auswirkungen einer Digitalisierung des Lesens und Schreibens im Zuge von WhatsApp, Twitter und Co. thematisiert. Und zwar sowohl für die sprachliche Alltagskommunikation als auch für die Bildungssprache (Beißwenger 2021).
2 Philipp (2020), Horz (2020).
3 Rosebrock (2020). Ähnlich argumentieren Baron (2015, 2021) und Wolf (2019).
4 Leisen (2020), Horz (2020).
5 Hier relevant sind die regelmäßig erscheinenden Dossiers »Lesen in Deutschland« sowie das Dossier »E-Books« (https://de.statista.com/themen/257/lesen/, Zugriff am 24.10.2022).
6 Die Berichtsbände: PISA 2018 (Reiss et al. 2019), IGLU 2016 (Hußmann et al. 2017).
7 Valtin/Mascia (2021). Auf der ELINET-Homepage (https://elinet.pro/) finden sich eine Reihe wichtiger Positionspapiere zur frühen (auch digitalen) Leseförderung sowie hilfreiche Verweise auf »good & promising practice examples«.
8 LEO 2018 (Grotlüschen/Buddeberg 2020).
9 Sälzer (2021).

2 Womit wir lesen

1 Vgl. dazu die ausgezeichnete Abhandlung von Rayner et al. (2016).
2 Wolf (2010).
3 Wie Lesen auf der Prozessebene funktioniert: Gold (2018), Lenhard (2019). Zum Lesen- und Schreibenlernen: Schneider (2017), Seidenberg (2017). Meilensteine der Leseentwicklung: Horowitz-Kraus et al. (2017).
4 Lesen: Dehaene (2012), Wolf (2010). Neurowissenschaftliche Grundlagen: Jäncke (2021a).
5 Kintsch (1998).
6 https://de.statista.com/themen/257/lesen/ (Zugriff am 25.10.2022).
7 Für die USA berichtet Baron (2020) einen deutlich höheren E-Book-Anteil.
8 Baron (2021) widmet dem Hörbuch ein eigenes Kapitel.

3 Digital lesen 0–2: Muss das sein?

1. Hart/Risley (1995). Es kommt aber auch auf die Qualitäten der sprachlichen und nichtsprachlichen Interaktionen an (Hirsh-Pasek et al. 2015a, Anderson et al. 2021).
2. Zum Vorlesen: Niklas/Schneider (2015), Wirth et al. (2021). Für frühe Fördermaßnahmen: Niklas (2014).
3. Feilke (2011, S. 5).
4. Dowdall et al. (2019), Mol/Bus (2011), Niklas et al. (2016), Wirth et al. (2020), US Department of Education (2007, 2015).
5. Ulbricht (2016).
6. www.stiftunglesen.de/vorlesestudie (Zugriff am 25.10.2022). Im November 2022 wurde der Vorlesemonitor 2022 vorgestellt: Die Vorlesehäufigkeiten sind demnach weiter zurückgegangen, die Eltern fangen zu spät mit dem Vorlesen an und hören zu früh wieder damit auf. Immerhin 40 Prozent der Eltern von 2- bis 8-Jährigen lesen selten oder nie vor (www.stiftunglesen.de/fileadmin/PDFs/Vorlesestudie/Vorlesemonitor_2022.pdf, Zugriff am 18.11.2022). Keineswegs sollten die Eltern den Schulanfang zum Anlass nehmen, mit dem Vorlesen aufzuhören. Und auch im schulischen Unterricht sollte unbedingt vorgelesen werden (Belgrad 2022).
7. Ehmig/Reuter (2013).
8. Pfost/Becker (2020).
9. Zusammenfassend: Pfost (2017), Wolf (2010, 2019), Baron (2021). Tremblay et al. (2020) zufolge wirkt sich das frühe Vorlesen noch auf die Lesegewohnheiten im Jugendalter aus.
10. Ehmig/Seelmann (2014), Pfost/Becker (2020), Bus et al. (2020), Heimann et al. (2021). Auch im Vorlesemonitor 2022 (s. Anm. 6) wird auf die Chancen digitaler Angebote hingewiesen.
11. Courage et al. (2021).
12. Dass es beim Lesen elektronischer Kinderbücher einer Lenkung und Unterstützung durch Erwachsene bedarf, beschreiben Bus et al. (2015), Takacs et al. (2014, 2015) sowie Kucirkova/Zuckerman (2017) und Kucirkova et al. (2021).
13. Munzer et al. (2019), Reich et al. (2016).
14. Samuelsson et al. (2021).
15. Bus et al. (2021).
16. In der bereits erwähnten Studie von Wirth et al. (2020) wurden 523 Mütter bzw. Väter von unter 3-Jährigen interviewt. Fast die Hälfte (47 %) haben bereits in den ersten sechs Lebensmonaten mit dem Vorlesen begonnen und weitere 29 Prozent bis zum ersten Geburtstag. Aber 21 Prozent der Eltern lesen auch den 2- bis 3-Jährigen noch immer nicht vor.
17. Kucirkova/Zuckerman (2017), Kucirkova (2019), Kucirkova et al. (2021), Troseth et al. (2020). Hoel/Tønnessen (2019) beschreiben, wie sich in Kita-Kleingruppen die dialogische Qualität des gemeinsamen E-Book-Lesens sicherstellen lässt.

18 Baron (2021), Durgunoğlu et al. (2022), Valtin/Mascia (2021), Wolf (2019).
19 Bellagamba et al. (2021).
20 Sundqvist et al. (2021). Zur Beeinträchtigung von Mutter-Kind-Interaktionen durch Smartphone-Nutzung: Konrad et al. (2021).

4 Digital lesen 3–5: Bringt das was?

1 Furenes et al. (2021), Wirth et al. (2021), Bus/Anstadt (2021), Kucirkova (2018).
2 Courage (2019) titelt ihren Aufsatz dazu passend: The medium is only part of the message!
3 Dore et al. (2018), Dore et al. (2019).
4 Gaudreau et al. (2020).
5 Ross et al. (2016), Lovato/Waxman (2016).
6 Neumann (2020), Neumann/Merchant (2021).
7 Pfost et al. (2018).
8 Reich et al. (2019).
9 Bus/Anstadt (2021).
10 Bus et al. (2015), Takacs et al. (2015). Zusammenfassend: Wirth et al. (2021).
11 Bus et al. (2021), Bus et al. (2015), Courage (2019).
12 Korat/Falk (2019), Bus et al. (2019).
13 Hirsh-Pasek et al. (2015b), Meyer et al. (2021), Hassinger-Das et al. (2020).
14 Wirth et al. (2021).
15 López-Escribano et al. (2021). Zu ähnlichen Ergebnissen gelangt die Metaanalyse von Swanson et al. (2020).
16 Xu et al. (2022). Kory Westlund et al. (2015) vergleichen den Input durch Robots, Tablets und Menschen.
17 Für das begleitete Lesen und Hören elektronischer Bücher gibt es inzwischen vielversprechende Hilfen für bildungsferne Eltern. Troseth et al. (2020) haben eine Anwendung vorgestellt, wo die Erwachsenen konkrete Anregungen (Prompts) für die dialogischen Interaktionen erhalten.
18 Über deutschsprachige Angebote etwa bei der Stiftung Lesen (https://www.stiftunglesen.de/informieren/unsere-themen/digitales-vor-lesen sowie https://www.stiftunglesen.de/loslesen/einfach-vorlesen, Zugriff am 26.10.22), bei der Initiative BiSS-Transfer (https://www.biss-sprachbildung.de/, Zugriff am 26.10.2022) oder beim Deutschen Jugendinstitut (https://www.dji.de/ueber-uns/projekte/projekte/apps-fuer-kinder-angebote-und-trendanalysen/datenbank-apps-fuer-kinder.html, Zugriff am 26.10.2022). Für den englischen Sprachraum etwa über National Literacy Trust (http://literacyapps.literacytrust.org.uk/ oder https://www.childrensdigitalbooks.com/, Zugriff am 26.10.2022). Leider gibt es viel mehr schlecht als gut gemachte Anwendungen. Meiner Berliner Kollegin Renate Valtin verdanke ich den Hinweis auf ein Negativbeispiel der besonderen Art, das inhaltliche und lerntheoretisch-didaktische Mängel kongenial vereint. Gemeint sind die in deutscher Sprache

angebotenen *ABC Dinos* des spanischen Anbieters Didactoons (https://www.didactoons.com/en/, Zugriff am 26.10.2022). Das ist ein Lernspiel für Kinder im Vorschulalter zum Erlernen des alphabetischen Prinzips. Die App ist als Actionspiel konzipiert – die Kinder sollen Dinos befreien, die von Drachen gefangen gehalten werden. Die lustig-bunten Animationen wirken nicht nur in hohem Maße ablenkend. Die App ist auch fehlerhaft über das Spanische ins Englische und danach wohl ins Deutsche übersetzt worden. Gleich in der ersten Aufgabe tönt es aus dem Lautsprecher »Schreibe den Brief (A)«, obwohl die Kinder tatsächlich nur den Buchstaben »A« mit dem Cursor nachfahren sollen. So sollen sie sich die Form des Buchstabens einprägen. Dumm nur, dass es den App-Entwicklerinnen und -Entwicklern bei der Nutzung der automatischen Übersetzungssoftware offenbar entgangen ist, dass im Englischen sowohl der *Buchstabe* als auch der *Brief* mit dem gleichen Wort (letter) bezeichnet werden. So wird – für die Lese- und Schreibanfängerinnen und -anfänger durchaus verwirrend – aus dem wohl eigentlich gemeinten »Schreibe den Buchstaben (A)« in unfreiwilliger Komik die Aufforderung »Schreibe den Brief (A)«. Welchen Brief?

19 Rideout/Robb (2020).
20 Sammelbände zu den neueren Forschungsbefunden haben Heimann et al. (2021) sowie Rohlfing/Müller-Brauers (2021) herausgegeben. Ein gutes Review zum Vergleich von E-Books und Apps mit TV und Video (»Children and Screens«) stammt von Hassinger-Das et al. (2020). Der praxisorientierte Leitfaden von Kucirkova (2018) ist Open Access verfügbar.

5 Digital lesen 6–17: Wie lernt man das?

1 Dabei wäre auch das digitale Schreiben einer näheren Betrachtung wert. Über die allmähliche Verdrängung des Handschriftlichen und die damit verbundenen Phänomene: Bredel (2021) sowie van der Meer/van der Weel (2017).
2 Gold (2018), Philipp (2011). Zur Leseflüssigkeit: Rosebrock et al. (2021).
3 Kiefer et al. (2015), Mayer et al. (2020).
4 Bulut (2019), Wollscheid et al. (2016), Menzel (2018), Philipp (2019).
5 Hauck-Thum (2021), Glaser (2018), Haas/Pusch (2020).
6 Jung/Moeller (2021).
7 Ben-Yehudah et al. (2018), Thomson et al. (2018), Wylie et al. (2018), Kucirkova (2018).
8 Halamish/Elbaz (2020), Mangen et al. (2013), Ronconi et al. (2022).
9 Delgado et al. (2018), Clinton (2019), Kong et al. (2018).
10 Kuhn/Hagenhoff (2017). Ähnlich argumentieren auch Wampfler/Krommer (2019).
11 Ackerman/Goldsmith (2011), Ackerman/Lauterman (2012), Singer/Alexander (2017), Singer Trakhman et al. (2019, 2022).
12 Mangen et al. (2019), zusammenfassend: Schwabe et al. (2022).

13 Afflerbach/Cho (2009), Gold (2018), Philipp (2015, 2017).
14 Baron (2021). Vgl. dazu auch: Wylie et al. (2018), Baturay et al. (2018).
15 Kammerer (2019, S. 68).
16 Lauterman/Ackerman (2014).
17 Mangen et al. (2013).
18 Chen et al. (2014).
19 Philipp (2021), Baron (2021).
20 Philipp (2020), Baron (2021).
21 Wampfler/Krommer (2019), Kuhn/Hagenhoff (2017).
22 Philipp (2018, 2020, 2021), Bråten et al. (2020), Salmerón et al. (2018c).
23 Barzilai et al. (2018). Philipp (2020) illustriert die Modellierung intertextueller Integrations- und Sourcing-Prozesse am Beispiel einer Studie von Stang Lund et al. (2019).
24 Brante/Strømsø (2018), Bråten et al. (2019).
25 Wylie et al. (2018). Dass das visuell-räumliche Arbeitsgedächtnis das Lesen von Hypertexten restringiert, berichten Kornmann et al. (2016) für Viertklässler. Carolin Hahnel und Kollegen berichten für andere Gedächtnisparameter Ähnliches bei 15-Jährigen. Auch dass die analogen Lesefertigkeiten prädiktiv sind (Hahnel et al. 2016, 2017, 2018).
26 List/Alexander (2017, 2019), Philipp (2020).
27 Wanning (2015). Für den Lesefluss sind Fußnoten oder Endnoten wie diese hier eher hinderlich. Man kann sie auch ignorieren, ohne dass das Textverstehen leidet.
28 Salmerón et al. (2018b, 2018a, 2017, 2020), Salmerón/Llorens (2019), Naumann/Salmerón (2016).
29 Zumbach (2021), Horz (2020), Gold et al. (2022).
30 Philipp (2018, 2020), Baron (2021), Cho/Afflerbach (2017), List/Alexander (2019), Bråten et al. (2020). Zur Open-Access-Publikation von Philipp (2021): https://www.beltz.de/fachmedien/paedagogik/produkte/details/44748-lesen-schreiben-lernen.html (Zugriff am 27.10.2022).
31 McGrew et al. (2018, 2019), Breakstone et al. (2021). Ein empfehlenswerter Kurs zum Civic Online Reasoning (COR): https://cor.stanford.edu/ (Zugriff am 27.10.2022).
32 Philipp (2020). Philipp (2018) illustriert geeignete Fördermaßnahmen für Quellencheck, Zuverlässigkeitscheck und Quellenvergleich.
33 Stadtler/Bromme (2013), Stadtler et al. (2015).
34 Delgado et al. (2020), Stang Lund et al. (2019), Bråten et al. (2019).
35 Salmerón et al. (2018c), Baron (2021).
36 Cho/Afflerbach (2015, 2017).
37 Breakstone et al. (2018).
38 Abendroth et al. (2020), Philipp (2018, 2020).
39 Rothe et al. (2022), Lenhard et al. (2017).
40 Støle et al. (2020). Zur digitalen Lernverlaufsdiagnostik: Souvignier (2018).
41 Wampfler/Krommer (2019).

6 Digital lesen 18+: Was sonst?

1. Baron et al. (2017), Baron (2020).
2. Farinosi et al. (2016).
3. Mizrachi et al. (2018), Mizrachi/Salaz (2020).
4. Turner et al. (2020).
5. Annisette/Lafreniere (2017), Greenfield (2014), Baron (2015, 2021), Wolf (2019).
6. Latini/Bråten (2022), Latini et al. (2019).
7. Delgado/Salmerón (2021).
8. Wylie et al. (2018).
9. Greenfield (2014).
10. Jäncke (2021b). Uncapher und Wagner (2018) haben die empirischen Studien zu den Heavy-Media-Multitaskern zusammengefasst.
11. Carr (2010), Greenfield (2014), Jäncke (2021b).
12. Biedermann et al. (2021).
13. Ravizza et al. (2017). Auch die Studien von Patterson und Patterson (2017) sowie von Carter et al. (2017) weisen auf negative Effekte der Laptop-Nutzung im Unterricht hin.
14. Alexander (2020). Für Zumbach (2021) macht schon diese allumfassende Verfügbarkeit die digitalen (Lese-)Medien unabdingbar.
15. Twenge et al. (2019), Twenge (2020). Kritisch dazu: Odgers/Jensen (2020), Odgers et al. (2020).
16. Grossnickle Peterson/Alexander (2020).
17. Kuhn et al. (2022). Zu den digitalen Klüften bei Achtklässlern: Eickelmann et al. (2019).
18. Lauer (2020), Rosebrock (2020), Wolf (2019).
19. Wirtschaftlich interessant ist die Hörbuchproduktion dennoch. Neuerdings werden Hörbücher mit minimalem Kosteneinsatz auch im KI-basierten Text-to-Speech-Verfahren automatisiert-synthetisch und ganz ohne menschliche Sprecherinnen oder Sprecher hergestellt.
20. Horz (2020), Zumbach (2021).
21. Singh/Alexander (2022). Zusammenfassend zum Lesen mit den Ohren: Baron (2021).
22. Wood et al. (2018), Baron (2021).
23. KMK (2017, 2021), SWK (2021, 2022).
24. Eickelmann et al. (2019).
25. Bildungsserver: https://www.bildungsserver.de/sicherheit-im-internet-3268-de.html (Zugriff am 02.11.2022).
    Bitkom: https://www.bitkom.org/Themen/Politik-Recht/Medienpolitik/Bitkom-Tipp.html (Zugriff am 02.11.2022).
    Deutscher Bibliotheksverband: https://www.lesen-und-digitale-medien.de/ (Zugriff am 02.11.2022).
26. Miller et al. (2018). https://www.perusall.com/ (Zugriff am 01.11.2022).

7 Potenziale, Risiken und Nebenwirkungen

1. Breazeal et al. (2016).
2. Turner et al. (2020), Alexander (2020), Coiro (2020).
3. Autor:innengruppe Bildungsberichterstattung (2022).
4. Kartushina et al. (2022), Autor:innengruppe Bildungsberichterstattung (2022).
5. Lauer (2020).
6. Baron (2021), Lauer (2020, S. 124), Mackey (2020).
7. Wolf (2019). Wolf beschreibt ihr Experiment auf den Seiten 129–135.

Literatur

Abendroth, J./Feulner, L./Richter, T. (2020): Wie Menschen mit konfligierenden Informationen umgehen. In: M. Appel (Hrsg.): Die Psychologie des Postfaktischen: Über Fake News, »Lügenpresse«, Clickbait & Co (S. 141–155). Berlin: Springer.

Ackerman, R./Goldsmith, M. (2011): Metacognitive regulation of text learning: on screen versus on paper. Journal of Experimental Psychology: Applied, 17 (1), 18–32. https://doi.org/10.1037/a0022086.

Ackerman, R./Lauterman, T. (2012): Taking reading comprehension exams on screen or on paper? A metacognitive analysis of learning texts under time pressure. Computers in Human Behavior, 28 (5), 1816–1828. https://doi.org/10.1016/j.chb.2012.04.023.

Afflerbach, P./Cho, B.-Y. (2009). Determining and describing reading strategies. Internet and traditional forms of reading. In: H. Waters/W. Schneider (Hrsg.): Metacognition, strategy use, and instruction (S. 201–255). New York: Guilford.

Alexander, P. (2020): What research has revealed about readers' struggles with comprehension in the digital age: moving beyond the phonics versus whole language debate. Reading Research Quarterly, 55 (S1), S89–S97. https://doi.org/10.1002/rrq.331.

Anderson, N./Graham, S./Prime, H./Jenkins, J./Madigan, S. (2021): Linking quality and quantity of parental linguistic input to child language skills: a meta-analysis. Child Development, 92 (2), 484–501. https://doi.org/10.1111/cdev.13508.

Annisette, L. E./Lafreniere, K. D. (2017): Social media, texting, and personality: a test of the shallowing hypothesis. Personality and Individual Differences, 115, 154–158. https://doi.org/10.1016/j.paid.2016.02.043.

Autor:innengruppe Bildungsberichterstattung (2022): Bildung in Deutschland 2022. Bielefeld: wbv.

Baron, N. (2015): Words onscreen: the fate of reading in a digital world. New York: Oxford University Press.

Baron, N. (2020): Digital reading. A research assessment. In: E. B. Moje/P. Afflerbach/P. Enciso/N. K. Lesaux (Hrsg.): Handbook of reading research. Volume V (S. 116–136). New York: Routledge.

Baron, N. (2021): How we read now. Strategic choices for print, screen, and audio. New York: Oxford University Press.

Baron, N./Calixte, R./Havewala, M. (2017): The persistence of print among university students: an exploratory study. Telematics & Informatics, 34, 590–604. https://doi.org/10.1016/j.tele.2016.11.008.

Barzilai, S./Zohar, A./Mor-Hagani, S. (2018): Promoting integration of multiple texts: a review of instructional approaches and practices. Educational Psychology Review, 30, 973–999. https://doi.org/10.1007/s10648-018-9436-8.

Baturay, M./Toker, S./Sendag, S./Akbulut, Y. (2018): Reading to learn. In: M. Barzillai/J. Thomson/S. Schroeder/P. van den Broek (Hrsg.): Learning to read in a digital world (S. 185–203). Amsterdam: John Benjamins.

Beißwenger, M. (2021): Digitalisierung der sprachlichen Bildung? – Neue Kommunikations- und Lernformen. In: Deutsche Akademie für Sprache und Dichtung (Hrsg.): Die Sprache in den Schulen – Eine Sprache im Werden. Dritter Bericht zur Lage der deutschen Sprache (S. 271–300). Berlin: Schmidt. https://www.esv.info/978-3-503-20503-5 (Zugriff am 02.11.2022).

Belgrad, J. (Hrsg.) (2022): Lese Reise. Das Praxis-Handbuch zur basalen Leseförderung. Villingen-Schwenningen: Neckar-Verlag. https://download.neckar-verlag-vs.de/SCHULE/LeseReise.pdf (18.11.2022).

Bellagamba, F./Presaghi, F./Di Marco, M./D'Abundo, E./Blanchfield, O./Barr, R. (2021): How infant and toddlers' media use is related to sleeping habits in everyday life in Italy. Frontiers in Psychology, 12:589664. https://doi.org/10.3389/fpsyg.2021.589664.

Ben-Yehudah, G./Hautala, J./Padeliadu, S./Antoniou, F./Petrová, Z./Leppänen, P./Barzillai, M. (2018): Affordances and challenges of digital reading for individuals with different learning profiles. In: M. Barzillai/J. Thomson/S. Schroeder/P. van den Broek (Hrsg.): Learning to read in a digital world (S. 121–140). Amsterdam: John Benjamins.

Biedermann, D./Schneider, J./Drachsler, H. (2021): Digital self-control interventions for distracting media multitasking: a systematic review. Journal of Computer Assisted Learning, 37 (5), 1217–1231. https://doi.org/10.1111/jcal.12581.

Bitkom (2022): Online-Zeit von Kindern und Jugendlichen wächst auf 111 Minuten pro Tag. https://www.bitkom.org/Presse/Presseinformation/Online-Zeit-Kinder-Jugendliche-111-Minuten (Zugriff am 24.10.2022).

Brante, E./Strømsø, H. (2018): Sourcing in text comprehension: a review of interventions targeting sourcing skills. Educational Psychology Review, 30, 773–799. https://doi.org/10.1007/s10648-017-9421-7.

Bråten, I./Braasch, J./Salmerón, L. (2020): Reading multiple and non-traditional texts: new opportunities and new challenges. In: E. Moje/P. Afflerbach/P. Enciso/N. Lesaux (Hrsg.): Handbook of reading research. Volume V (S. 79–98). New York: Routledge.

Bråten, I./Brante, E./Strømsø, H. (2019): Teaching sourcing in upper secondary school: a comprehensive sourcing intervention with follow-up data. Reading Research Quarterly, 54 (4), 481–505. https://doi.org/10.1002/rrq.253.

Breakstone, J./McGrew, S./Smith, M./Ortega, T./Wineburg, S. (2018): Why we need a new approach to teaching digital literacy. Phi Delta Kappan, 99 (6), 27–32. https://doi.org/10.1177/0031721718762419.

Breakstone, J./Smith, M./Wineburg, S./Rapaport, A./Carle, J./Garland, M./Saavedra, A. (2021): Students' Civic Online Reasoning: a national portrait. Educational Researcher, 50 (8), 505–515. https://doi.org/10.3102/0013189X211017495.

Breazeal, C./Morris, R./Gottwald, S./Galyean, T./Wolf, M. (2016): Mobile devices for early literacy intervention and research with global reach (Conference paper to be published in Proceedings of the Third ACM Conference on Learning at Scale). Edinburgh: ACM.

Bredel, U. (2021): Schreiben im Wandel – Vom Handschreiben zum Tastaturschreiben zum Diktieren. In: Deutsche Akademie für Sprache und Dichtung (Hrsg.): Die Sprache in den Schulen – Eine Sprache im Werden. Dritter Bericht zur Lage der deutschen Sprache (S. 239–269). Berlin: Schmidt. https://www.esv.info/978-3-503-20503-5 (Zugriff am 02.11.2022).

Bulut, N. (2019): Faktencheck. Handschrift in der digitalisierten Welt. Köln: Mercator-Institut für Sprachförderung und Deutsch als Zweitsprache. https://www.mercator-institut-sprachfoerderung.de/fileadmin/Redaktion/PDF/Publikationen/Faktencheck_Handschrift_in_der_digitalisierten_Welt.pdf (Zugriff am 27.10.2022).

Bus, A./Anstadt, R. (2021): Toward digital picture books for a new generation of emergent readers. AERA Open. https://doi.org/10.1177/23328584211063874.

Bus, A./Hoel, T./Aliagas, C./Jernes, M./Korat, O./Mifsud, C./van Coillie, J. (2019): Availability and quality of storybook apps across five less widely used languages. In: O. Erstad/R. Flewitt/B. Kümmerling-Meibauer/I. Pires Pereira (Hrsg.): The Routledge handbook of digital literacies in early childhood (S. 308–321). London: Routledge.

Bus, A./Neuman, S./Roskos, K. (2020): Screens, apps, and digital books for young children: the promise of multimedia. AERA Open, 6. https://doi.org/10.1177/2332858420901494.

Bus, A./Roskos, K./Burstein, K. (2021): Promising interactive functions in digital storybooks for young children. In: K. J. Rohlfing/C. Müller-Brauers (Hrsg.): International perspectives on digital media and early literacy: the impact of digital devices on learning, language acquisition and social interaction (S. 7–26). New York: Routledge.

Bus, A./Takacs, Z./Kegel, C. (2015): Affordances and limitations of electronic storybooks for young children's emergent literacy. Developmental Review, 35, 79–97. https://doi.org/10.1016/j.dr.2014.12.004.

Carr, N. (2010): The shallows: how the internet is changing the way we think, read and remember. New York: Norton.

Carter, S./Greenberg, K./Walker, M. (2017): The impact of computer usage on academic performance: evidence from a randomized trial at the United States Military Academy. Economics of Education Review, 56, 118–132. https://doi.org/10.1016/j.econedurev.2016.12.005.

Chen, G./Cheng, W./Chang, T./Zheng, X./Huang, R. (2014): A comparison of reading comprehension across paper, computer screens, and tablets: does tablet familiarity matter? Journal of Computers in Education, 1, 213–225. https://doi.org/10.1007/s40692-014-0012-z.

Cho, B.-Y./Afflerbach, P. (2015): Reading on the internet: realizing and constructing potential texts. Journal of Adolescent and Adult Literacy, 58 (6), 504–517. https://doi.org/10.1002/jaal.387.

Cho, B.-Y./Afflerbach, P. (2017): An evolving perspective of constructively responsive reading comprehension strategies in multilayered digital text environments. In: S. Israel (Hrsg.): Handbook of research on reading comprehension (S. 109–134). New York: The Guilford Press.

Clinton, V. (2019): Reading from paper compared to screens: a systematic review and meta-analysis. Journal of Research in Reading, 42, 288–325. https://doi.org/10.1111/1467-9817.12269.

Coiro, J. (2020): Toward a multifaceted heuristic of digital reading to inform assessment, research, practice, and policy. Reading Research Quarterly, 56, 9–31. https://doi.org/10.1002/rrq.302.

Courage, M. (2019): From print to digital: the medium is only part of the message. In: J. Kim/B. Hassinger-Das (Hrsg.): Reading in the digital age: young children's experiences with e-books (Literacy Studies, Vol 18, S. 23–43). Cham: Springer. https://doi.org/10.1007/978-3-030-20077-0_3.

Courage, M./Frizzell, L./Walsh, C./Smith, M. (2021): Toddlers using tablets: they engage, play, and learn. Frontiers in Psychology, 12:564479. https://doi.org/10.3389/fpsyg.2021.564479.

Dehaene, S. (2012): Lesen. Die größte Erfindung der Menschheit und was dabei in unseren Köpfen passiert. München: btb.

Delgado, P./Salmerón, L. (2021): The inattentive on-screen reading: reading medium affects attention and reading comprehension under time pressure. Learning and Instruction, 71, Article 101396. https://doi.org/10.1016/j.learninstruc.2020.101396.

Delgado, P./Stang Lund, E./Salmerón, L./Bråten, I. (2020): To click or not to click: investigating conflict detection and sourcing in a multiple document hypertext environment. Reading and Writing, 33 (8), 2049–2072. https://doi.org/10.1007/s11145-020-10030-8.

Delgado, P./Vargas, C./Ackerman, R./Salmerón, L. (2018): Don't throw away your printed books: a meta-analysis on the effects of reading media on reading comprehension. Educational Research Review, 25, 23–38. https://doi.org/10.1016/j.edurev.2018.09.003.

Dore, R./Hassinger-Das, B./Brezack, N./Valladares, T./Paller, A./Vu, L. (2018): The parent advantage in fostering children's e-book comprehension. Early Child. Res. Q., 44, 24–33. https://doi.org/10.1016/j.ecresq.2018.02.002.

Dore, R./Shirilla, M./Hopkins, E./Collins, M./Scott, M./Schatz, J. (2019): Education in the app store: using a mobile game to support U.S. preschoolers' vocabulary learning. Journal of Children and Media, 13 (4), 452–471. https://doi.org/10.1080/17482798.2019.1650788.

Dowdall, N./Melendez-Torres, G./Murray, L./Gardner, F./Hartford, L./Cooper, P. (2019): Shared picture book reading interventions for child language development: a systematic review and meta-analysis. Child Development, 91, e383-e399. https://doi.org/10.1111/cdev.13225.

Durgunoğlu, A./Mascia, C./Tafa, E./Valtin, R./Chlapana, E./Rowsell, J. (2022): Using digital tools and experiences to improve comprehension and expression in young children: A brief overview of current research (ELINET Paper). https://drive.google.com/file/d/14iH6KSGOD7qwplSUFx100gr89QYGrftw/view (Zugriff am 18.11.2022).

Ehmig, S./Reuter, T. (2013): Vorlesen im Kinderalltag. Bedeutung des Vorlesens für die Entwicklung von Kindern und Jugendlichen und Vorlesepraxis in den Familien (Zusammenfassung und Einordnung zentraler Befunde der Vorlesestudien von Stiftung Lesen, DIE ZEIT und Deutsche Bahn 2007–2012). Mainz: Stiftung Lesen.

Ehmig, S./Seelmann, C. (2014): Das Potenzial digitaler Medien in der frühkindlichen Lesesozialisation. Frühe Bildung, 3, 196–202. https://doi.org/10.1026/2191-9186/a000174.

Eickelmann, B./Bos, W./Gerick, J./Goldhammer, F./Schaumburg, H./Schwippert, K./Senkbeil, M./Vahrenhold, J. (Hrsg.) (2019): ICILS 2018 #Deutschland – Computer- und informationsbezogene Kompetenzen von Schülerinnen und Schülern im zweiten internationalen Vergleich und Kompetenzen im Bereich Computational Thinking. Münster: Waxmann. https://kw.uni-paderborn.de/fileadmin/fakultaet/Institute/erziehungswissenschaft/Schulpaedagogik/ICILS_2018__Deutschland_Berichtsband.pdf (Zugriff am 24.10.2022).

Farinosi, M./Lim, C./Roll, J. (2016): Book or screen, pen or keyboard? A cross-cultural sociological analysis of writing and reading habits basing on Germany, Italy and the UK. Telematics and Informatics, 33, 410–421. https://doi.org/10.1016/j.tele.2015.09.006.

Feilke, H. (2011): Literalität und literale Kompetenz: Kultur, Handlung, Struktur. http://www.leseforum.ch/myUploadData/files/2011_1_Feilke.pdf (Zugriff am 02.11.2022).

Furenes, M./Kucirkova, N./Bus, A. (2021): A comparison of children's reading on paper versus screen: a meta-analysis. Review of Educational Research, 91, 483–517. https://doi.org/10.3102/0034654321998074.

Gaudreau, C./King, Y./Dore, R./Puttre, H./Nichols, D./Hirsh-Pasek, K./Golinkoff, R. (2020): Preschoolers benefit equally from video chat, pseudo-contingent video and live book reading: implications for storytime during the coronavirus pandemic and beyond. Frontiers in Psychology, 11:2158. https//doi.org/10.3389/fpsyg.2020.02158.

Glaser, K. (2018): Digitaler Mehrwert im Englischunterricht der Grundschule. Wortschatzerwerb mit dem TING-Hörstift. In: H. Dausend/B. Brandt (Hrsg.): Lernen digital: Fachliche Lernprozesse im Elementar- und Primarbereich anregen (S. 151–178). Münster: Waxmann.

Gold, A. (2018): Lesen kann man lernen. Göttingen: Vandenhoeck & Ruprecht.

Gold, A./Gold, A. C./Gold, H. (2022): Herausforderungen für das Mentoring: Kinder und Jugendliche in Zeiten des Fernunterrichts unterstützen. Report Psychologie, 47, 20–24.

Greenfield, S. (2014): Mind change. London: Penguin.

Grossnickle Peterson, E./Alexander, P. (2020): Navigating print and digital sources: students' selection, use, and integration of multiple sources across mediums. Journal of Experimental Education, 88, 27–46. https://doi.org/10.1080/00220973.2018.1496058.

Grotlüschen, A./Buddeberg, K. (Hrsg.) (2020): LEO 2018. Leben mit geringer Literalität. Bielefeld: wbv.

Gueron-Sela, N./Gordon-Hacker, A. (2020): Longitudinal links between media use and focused attention through toddlerhood: a cumulative risk approach. Frontiers in Psychology, 11:569222. https://doi.org/10.3389/fpsyg.2020.569222.

Haas, E./Pusch, A. (2020): Audiodigitale Stifte im Sachunterricht. Eine neue Möglichkeit für Arbeitsblätter? In: B. Brandt/L. Bröll/H. Dausend (Hrsg.): Digitales Lernen in der Grundschule II. Aktuelle Trends in Forschung und Praxis (S. 146–157). Münster: Waxmann.

Hahnel, C./Goldhammer, F./Kröhne, U./Naumann, J. (2017): Reading digital text involves working memory updating based on task characteristics and reader behavior. Learning and Individual Differences, 59, 149–157. https://doi.org/10.1016/j.lindif.2017.09.001.

Hahnel, C./Goldhammer, F./Kröhne, U./Naumann, J. (2018): The role of reading skills for the evaluation of online information. Computers in Human Behavior, 78, 223–234. https://doi.org/10.1016/j.chb.2017.10.004.

Hahnel, C./Goldhammer, F./Naumann, J./Kröhne, U. (2016): Effects of linear reading, basic computer skills, evaluating online information, and navigation on reading digital text. Computers in Human Behavior, 55, 486–500. https://doi.org/10.1016/j.chb.2015.09.042.

Halamish, V./Elbaz, E. (2020): Children's reading comprehension and metacomprehension on screen versus on paper. Computers & Education, 145, Article 103737. https://doi.org/10.1016/j.compedu.2019.103737.

Hart, B./Risley, T. (1995): Meaningful differences in the everyday experience of young American children. Baltimore: Brookes.

Hasebrink, U./Lampert, C./Thiel, K. (2019): Online-Erfahrungen von 9- bis 17-Jährigen. Ergebnisse der EU Kids Online-Befragung in Deutschland 2019. Hamburg: HBI.

Hassinger-Das, B./Brennan, S./Dore, R./Golinkoff, R./Hirsh-Pasek, K. (2020): Children and screens. Annual Review of Developmental Psychology, 2, 69–92. https://doi.org/10.1146/annurev-devpsych-060320-095612.

Hauck-Thum, U. (2021): Grundschule und die Kultur der Digitalität. In: U. Hauck-Thum/J. Noller (Hrsg.): Was ist Digitalität? Philosophische und pädagogische Perspektiven (S. 73–82). Stuttgart: Metzler.

Heimann, M./Bus, A./Barr, R. (Hrsg.) (2021): Growing up in a digital world – social and cognitive implications. Lausanne: Frontiers Media.

Hirsh-Pasek, K./Adamson, L./Bakeman, R./Owen, M./Golinkoff, R./Pace, A. et al. (2015a): The contribution of early communication quality to low-income children's language success. Psychological Science, 26, 1071–1083. https://doi.org/10.1177/0956797615581493.

Hirsh-Pasek, K./Zosh, J./Golinkoff, R./Gray, J./Robb, M./Kaufman, J. (2015b): Putting education in »educational« apps: lessons from the science of learning. Psychological Science in the Public Interest, 16, 3–34. https://doi.org/10.1177/1529100615569721.

Hoel, T./Tønnessen, E. (2019): Organizing shared digital reading in groups: optimizing the affordances of text and medium. AERA Open, 5, 233285841988382. https://doi.org/10.1177/2332858419883822.

Horowitz-Kraus, T./Schmitz, R./Hutton, J. S./Schumacher, J. (2017): How to create a successful reader? Milestones in reading development from birth to adolescence. Acta Paediatrica, 106, 534–544. https://doi.org/10.1111/apa.13738.

Horz, H. (2020): Medien. In: E. Wild/J. Möller (Hrsg.): Pädagogische Psychologie (S. 133–159). Berlin: Springer.

Hußmann, A./Wendt, H./Bos, W./Bremerich-Vos, A./Kasper, D./Lankes, E.-M./McElvany, N./Stubbe, T./Valtin, R. (Hrsg.) (2017): IGLU 2016. Lesekompetenzen von Grundschulkindern in Deutschland im internationalen Vergleich. Münster: Waxmann.

Jäncke, L. (2021a): Lehrbuch Kognitive Neurowissenschaften. Göttingen: Hogrefe.

Jäncke, L. (2021b): Von der Steinzeit ins Internet. Göttingen: Hogrefe.

Jung, S./Moeller, K. (2021): Hand vs. Tastatur: Einfluss des Schreibmediums in der Untersuchung der Schriftsprache bei Kindern mit und ohne LRS. Forschung Sprache, 9, 57–70.

Kammerer, Y. (2019): Textverständnis beim Lesen digitaler und gedruckter Texte. Seminar, 25 (3), 64–72.

Kartushina, N./Mani, N./Aktan-Erciyes, A./Alaslani, K./Aldrich, N./Almohammadi, A. (2022): COVID-19 first lockdown as a window into language acquisition: associations between caregiver-child activities and vocabulary gains. Language Development Research, 2, 1–36. https://doi.org/10.34842/abym-xv34.

Kates, A./Wu, H./Coryn, C. (2018): The effects of mobile phone use on academic performance: a meta-analysis. Computers & Education, 127, 107–112. https://doi.org/10.1016/j.compedu.2018.08.012.

Kiefer, M./Schuler, S./Mayer, C./Trumpp, N./Hille, K./Sachse, S. (2015): Handwriting or typewriting? The influence of pen- or keyboard-based writing training on reading and writing performance in preschool children. Advances in Cognitive Psychology, 11, 136–146. https://doi.org/10.5709/acp-0178-7.

Kintsch, W. (1998): Comprehension: a paradigm for cognition. Cambridge: Cambridge University Press.

Klugmayer, L. (2018): Studie: Kinder spielen weniger draußen. https://www.hallo-eltern.de/kind/kinder-spielen-weniger-draussen/ (Zugriff am 24.10.2022).

KMK (Kultusministerkonferenz) (2017): Bildung in der digitalen Welt: Strategie der Kultusministerkonferenz. Berlin/Bonn: KMK. https://www.kmk.org/fileadmin/Dateien/veroeffentlichungen_beschluesse/2018/Strategie_Bildung_in_der_digitalen_Welt_idF._vom_07.12.2017.pdf (Zugriff am 02.11.2022).

KMK (Kultusministerkonferenz) (2021): Lehren und Lernen in der digitalen Welt: Die ergänzende Empfehlung zur Strategie »Bildung in der digitalen Welt«. Berlin/Bonn: KMK. https://www.kmk.org/fileadmin/Dateien/veroeffentlichungen_beschluesse/2021/2021_12_09-Lehren-und-Lernen-Digi.pdf (Zugriff am 02.11.2022).

Kong, Y./Seo, Y./Zhai, L. (2018): Comparison of reading performance on screen and on paper: a meta-analysis. Computers & Education, 123, 138–149. https://doi.org/10.1016/j.compedu.2018.05.005.

Konrad, C./Hillmann, M./Rispler, J./Niehaus, L./Neuhoff, L./Barr, R. (2021): Quality of mother-child interaction before, during, and after smartphone use. Frontiers in Psychology, 12:616656. https://doi.org/10.3389/fpsyg.2021.616656.

Korat, O./Falk, Y. (2019): Ten years after: revisiting the question of e-book quality as early language and literacy support. Journal of Early Childhood Literacy, 19 (2), 206–223. https://doi.org/10.1177/1468798417712105.

Kornmann, J./Kammerer, Y./Anjewierden, A./Zettler, I./Trautwein, U./Gerjets, P. (2016): How children navigate a multiperspective hypermedia environment: the role of spatial working memory capacity. Computers in Human Behavior, 55, 145–158. https://doi.org/10.1016/j.chb.2015.08.054.

Kory Westlund, J./Dickens, L./Jeong, S./Harris, P./DeSteno, D./Breazeal, C. (2015): A Comparison of children learning from robots, tablets, and people. In: Proceedings of New Friends: The 1st International Conference on Social Robots in Therapy and Education. https://www.media.mit.edu/publications/a-comparison-of-children-learning-from-robots-tablets-and-people/ (Zugriff am 02.11.2022).

Kucirkova, N. (2018): How and why to read and create children's digital books: a guide for primary practitioners. London: UCL. https://www.uclpress.co.uk/products/109473 (Zugriff am 03.11.2022).

Kucirkova, N. (2019): Children's reading with digital books: past moving quickly to the future. Child Development Perspectives, 13, 208–214. https://doi.org/10.1111/cdep.12339.

Kucirkova, N./Gattis, M./Spargo, T./Seisdedos de Vega, B./Flewitt, R. (2021): An empirical investigation of parent-child shared reading of digital personalized books. International Journal of Educational Research, 105, 101710. https://doi.org/10.1016/j.ijer.2020.101710.

Kucirkova, N./Zuckerman, B. (2017): A guiding framework for considering touchscreens in children under two. International Journal of Child-Computer Interaction, 12, 46–49. https://doi.org/10.1016/j.ijcci.2017.03.001.

Kuhn, A./Hagenhoff, S. (2017): Kommunikative statt objektzentrierte Gestaltung: Zur Notwendigkeit veränderter Lesekonzepte und Leseforschung für digitale Lesemedien. In: S. Böck/J. Ingelmann/K. Matuszkiewicz/F. Schruhl

(Hrsg.): Lesen X.0. Rezeptionsprozesse in der digitalen Gegenwart (S. 27–45). Göttingen: V&R unipress.

Kuhn, A./Schwabe, A./Boomgarden, H./Brandl, L./Stocker, G./Lauer, G./Brendel-Kepser, I./Krause-Wolters, M. (2022): Who gets lost? How digital academic reading impacts equal opportunity in higher education. New Media & Society. https://doi.org/10.1177/14614448211072306.

Latini, N./Bråten, I. (2022): Strategic text processing across mediums: a verbal protocol study. Reading Research Quarterly, 57 (2), 493–514. https://doi.org/10.1002/rrq.418.

Latini, N./Bråten, I./Anmarkrud, Ø./Salmerón, L. (2019): Investigating effects of reading medium and reading purpose on behavioral engagement and textual integration in a multiple text context. Contemporary Educational Psychology, 59, Article 101797. https://doi.org/10.1016/j.cedpsych.2019.101797.

Lauer, G. (2020): Lesen im digitalen Zeitalter. Darmstadt: wbg. https://files.wbg-wissenverbindet.de/Files/Article/ARTK_ZOA_1024585_0001.pdf (Zugriff am 03.11.2022).

Lauterman, T./Ackerman, R. (2014): Overcoming screen inferiority in learning and calibration. Computers in Human Behavior, 35, 455–463. https://doi.org/10.1016/j.chb.2014.02.046.

Leisen, J. (2020): Wer genau weiß, wie digitales Lesen im Unterricht erfolgreich gelingt, schreibe es uns. bbw, 61 (1), 4–8.

Lenhard, W. (2019): Leseverständnis und Lesekompetenz. Grundlagen – Diagnostik – Förderung. Stuttgart: Kohlhammer.

Lenhard, W./Schroeders, U./Lenhard, A. (2017): Equivalence of screen versus print reading comprehension depends on task complexity and proficiency. Discourse Processes, 54, 427–445. https://doi.org/10.1080/0163853X.2017.1319653.

List, A./Alexander, P. (2017): Analyzing and integrating models of multiple text comprehension. Educational Psychologist, 52 (3), 143–147. https://doi.org/10.1080/00461520.2017.1328309.

List, A./Alexander, P. (2019): Toward an integrated framework of multiple text use. Educational Psychologist, 54 (1), 20–39. https://doi.org/10.1080/00461520.2018.1505514.

López-Escribano, C./Valverde-Montesino, S./García-Ortega, V. (2021): The impact of e-book reading on young children's emergent literacy skills: an analytical review. International Journal of Environmental Research and Public Health, 18 (12), 6510. https://doi.org/10.3390/ijerph18126510.

Lovato, S./Waxman, S. (2016): Young children learning from touch screens: taking a wider view. Frontiers in Psychology, 7:1078. https://doi.org/10.3389/fpsyg.2016.01078.

Mackey, M. (2020): Who reads what, in which formats, and why? In: E. B. Moje/P. Afflerbach/P. Enciso/N. Lesaux (Hrsg.): Handbook of reading research. Volume V (S. 99–115). New York: Routledge.

Mangen, A./Olivier, G./Velay, J. (2019): Comparing comprehension of a long text read in print book and on Kindle: where in the text and when in the story? Frontiers in Psychology, 10:38. https://doi.org/10.3389/fpsyg.2019.00038.

Mangen, A./Walgermo, B./Brønnick, K. (2013): Reading linear texts on paper vs. computer screens: effects on reading comprehension. International Journal of Educational Research, 58, 61–68. https://doi.org/10.1016/j.ijer.2012.12.002.

Marker, C./Gnambs, T./Appel, M. (2018): Active on Facebook and failing at school? Meta-analytic findings on the relationship between online social networking activities and academic achievement. Educational Psychology Review, 30, 651–677. https://doi.org/10.1007/s10648-017-9430-6.

Mayer, C./Waller, S./Budde-Sprengler, N./Braunert, S./Arndt, P./Kiefer, M. (2020): Literacy training of kindergarten children with pencil, keyboard or tablet stylus: the influence of the writing tool on reading and writing performance at the letter and word level. Frontiers in Psychology, 10:3054. https://doi.org/10.3389/fpsyg.2019.03054.

McGrew, S./Breakstone, J./Ortega, T./Smith, M./Wineburg, S. (2018): Can students evaluate online sources? Learning from assessments of Civic Online Reasoning. Theory & Research in Social Education, 2, 165–193. https://doi.org/10.1080/00933104.2017.1416320.

McGrew, S./Smith, M./Breakstone, J./Ortega, T./Wineburg, S. (2019): Improving university students' web savvy: an intervention study. British Journal of Educational Psychology, 89 (3), 485–500. https://doi.org/10.1111/bjep.12279.

McHarg, G./Ribner, A./Devine, R./Hughes C. (2020): Screen time and executive function in toddlerhood: a longitudinal study. Frontiers in Psychology, 2020:11. https://doi.org/10.3389/fpsyg.2020.570392.

Menzel, W. (2018): Verbundene und unverbundene Schrift. Grundschule, 4, 36–38.

Meyer, M./Zosh, J./McLaren, C./Robb, M./McCaffery, H./Golinkoff, R./Hirsh-Pasek, K./Radesky, J. (2021): How educational are »educational« apps for young children? App store content analysis using the Four Pillars of Learning framework. Journal of Children and Media, 15 (4), 526–548. https://doi.org/10.1080/17482798.2021.1882516.

Miller, K./Lukoff, B./King, G./Mazur, E. (2018): Use of a social annotation platform for pre-class reading assignments in a flipped introductory physics class. Frontiers in Education, 3:8. https://doi.org/10.3389/feduc.2018.00008.

Mizrachi, D./Salaz, A. (2020): Beyond the surveys: qualitative analysis from the Academic Reading Format International Study (ARFIS). College & Research Libraries, 81 (5), 808–821. https://doi.org/10.5860/crl.81.5.808.

Mizrachi, D./Salaz, A. M./Kurbanoglu, S./Boustany, J. (2018): Academic reading format preferences and behaviors among university students worldwide: a comparative survey analysis. PLoS One, 13:e0197444. https://doi.org/10.1371/journal.pone.0197444.

Mol, S./Bus, A. (2011): To read or not to read: a meta-analysis of print exposure from infancy to early adulthood. Psychological Bulletin, 137 (2), 267–296. https://doi.org/10.1037/a0021890.

mpfs (2021): KIM-Studie 2021. Stuttgart: mpfs.

Munzer, T./Miller, A./Weeks, H./Kaciroti, N./Radesky, J. (2019): Differences in parent-toddler interactions with electronic versus print books. Pediatrics, 143 (4), e20182012. https://doi.org/10.1542/peds.2018-2012.

Naumann, J./Salmerón. L. (2016): Does navigation always predict performance? Effects of navigation on digital reading are moderated by comprehension skills. The International Review of Research in Open and Distributed Learning, 17, 42–59. https://doi.org/10.19173/irrodl.v17i1.2113.

Neumann, M. (2020): Teacher scaffolding of preschoolers' shared reading with a storybook app and a printed book. Journal of Research in Childhood Education, 34, 367–384. https://doi.org/10.1080/02568543.2019.1705447.

Neumann, M./Merchant, G. (2021): »That's a big bad wolf!« Learning through teacher-child talk during shared reading of a story book app. Early Childhood Education Journal, 50, 515–525. https://doi.org/10.1007/s10643-021-01171-8.

Niklas, F. (2014): Mit Würfelspiel und Vorlesebuch. Heidelberg: Springer.

Niklas, F./Cohrssen, C./Tayler, C./Schneider, W. (2016): Erstes Vorlesen: Der frühe Vogel fängt den Wurm. Zeitschrift für Pädagogische Psychologie, 30, 35–44. https://doi.org/10.1024/1010-0652/a000166.

Niklas, F./Schneider, W. (2015): With a little help: improving kindergarten children's vocabulary by enhancing the home literacy environment. Reading and Writing: An Interdisciplinary Journal, 28, 491–508. https://doi.org/10.1007/s11145-014-9534-z.

Odgers, C./Jensen, M. (2020): Annual research review: adolescent mental health in the digital age: facts, fears, and future directions. Journal of Child Psychology and Psychiatry, 61 (3), 336–348. https://doi.org/10.1111/jcpp.13190.

Odgers, C./Schueller, S./Ito, M. (2020): Screen time, social media use, and adolescent development. Annual Review of Developmental Psychology, 2, 485–502. https://doi.org/10.1146/annurev-devpsych-121318-084815.

OECD (2021): 21st-century reader: developing reading skills in a digital world. Paris: OECD Publishing. https://doi.org/10.1787/a83d84cb-en.

Patterson, R./Patterson, R. (2017): Computers and productivity: evidence from laptop use in the college classroom. Economics of Education Review, 57, 66–79. https://doi.org/10.1016/j.econedurev.2017.02.004.

Pfost, M. (2017): Förderung der Vorläuferfähigkeiten des Lesens und Rechtschreibens. In: M. Philipp (Hrsg.): Handbuch Schriftspracherwerb und weiterführendes Lesen und Schreiben (S. 199–215). Weinheim: Beltz.

Pfost, M./Becker, S. (2020): Die Nutzung digitaler Lesemedien bei Kindern im Vorschulalter und deren Einflüsse auf sprachliche und schriftsprachliche Fähigkeiten. Leseforum.ch, 2020 (1), 1–13. https://www.leseforum.ch/sysModules/obxLeseforum/Artikel/686/2020_1_de_pfost_becker.pdf (Zugriff am 03.11.2022).

Pfost, M./Freund, J./Becker, S. (2018): Aspekte der Nutzung digitaler Lesemedien im Vorschulalter. Frühe Bildung, 7, 40–47. https://doi.org/10.1026/2191-9186/a000358.

Philipp, M. (2011): Lesesozialisation in Kindheit und Jugend. Stuttgart: Kohlhammer.

Philipp, M. (2015): Lesestrategien. Bedeutung, Formen und Vermittlung. Weinheim: Beltz.
Philipp, M. (2017): Entwicklung hierarchiehoher Leseprozesse. In: M. Philipp (Hrsg.): Handbuch Schriftspracherwerb und weiterführendes Lesen und Schreiben (S. 67–83). Weinheim: Beltz.
Philipp, M. (2018): Lesekompetenz bei multiplen Texten. Tübingen: Francke.
Philipp, M. (2019): Handschrift oder Tastaturschreiben? Wer erfolgreich kommunizieren will, muss beides können! Grundschulunterricht Deutsch, 66, 10–13.
Philipp, M. (2020): Multiple Dokumente verstehen. Theoretische und empirische Perspektiven auf Prozesse und Produkte des Lesens mehrerer Dokumente. Weinheim: Beltz.
Philipp, M. (2021): Lesen – Schreiben – Lernen. Weinheim: Beltz.
Ravizza, S./Uitvlugt, M./Fenn, K. (2017): Logged in and zoned out: how laptop internet use relates to classroom learning. Psychological Science, 28 (2), 171–180. https://doi.org/10.1177/0956797616677314.
Rayner, K./Schotter, E./Masson, M./Potter, M./Treiman, R. (2016): So much to read, so little time: how do we read, and can speed reading help? Psychological Science in the Public Interest, 17, 4–34. https://doi.org/10.1177/1529100615623267.
Reich, S./Yau, J./Warschauer, M. (2016): Tablet-based ebooks for young children: what does the research say? Developmental and Behavioral Pediatrics, 37 (7), 585–591. https://doi.org/10.1097/DBP.0000000000000335.
Reich, S./Yau, J./Xu, Y./Muskat, T./Uvalle, J./Cannata, D. (2019): Digital or print? A comparison of preschoolers' comprehension, vocabulary, and engagement from a print book and an e-book. AERA Open, 5. https://doi.org/10.1177/2332858419878389.
Reiss, K./Weis, M./Klieme, E./Köller, O. (Hrsg.) (2019): PISA 2018. Münster: Waxmann.
Rideout, V./Robb, M. (2020): The common sense census: media use by kids age zero to eight. San Francisco: Common Sense Media. https://www.commonsensemedia.org/sites/default/files/research/report/2020_zero_to_eight_census_final_web.pdf (Zugriff am 26.10.2022).
Rohlfing, K./Müller-Brauers, C. (Hrsg.) (2021): International perspectives on digital media and early literacy: the impact of digital devices on learning, language acquisition and social interaction (Routledge Research in Early Childhood Education). London: Routledge.
Ronconi, A./Veronesi, V./Mason, L./Manzione, L./Florit, E./Anmarkrud, O./Bråten, I. (2022): Effects of reading medium on the processing, comprehension, and calibration of adolescent readers. Computers & Education, 185, 104520. https://doi.org/10.1016/j.compedu.2022.104520.
Rosebrock, C. (2020): Netzlektüre und Deep Reading: Entmischungen der Lesekultur. Leseforum Schweiz, 2020 (2), 1–16. https://www.leseforum.ch/archiv.cfm (Zugriff am 03.02.2022).
Rosebrock, C./Nix, D./Rieckmann, C./Gold, A. (2021): Leseflüssigkeit fördern. Lautleseverfahren für die Primar- und Sekundarstufe. Seelze: Friedrich.

Ross, K./Pye R./Randell, J. (2016): Reading touch screen storybooks with mothers negatively affects 7-year-old readers' comprehension but enriches emotional engagement. Frontiers in Psychology, 7:1728. https://doi.org/10.3389/fpsyg.2016.01728.

Rothe, J./Visser, L./Görgen, R./Kalmar, J./Schulte-Körne, G./Hasselhorn, M. (2022): Mobile First? Ein Vergleich von Lese-/Rechtschreibtests in traditionellem Papier-und-Bleistift-Format versus App-Format. Zeitschrift für Erziehungswissenschaft, 25, 947–973. https://doi.org/10.1007/s11618-022-01068-1.

Sälzer, C. (2021): Lesen im 21. Jahrhundert. Lesekompetenzen in einer digitalen Welt. Deutschlandspezifische Ergebnisse des PISA-Berichts »21st Century Readers«. Düsseldorf: OECD und Vodafone Stiftung Deutschland. https://www.oecd.org/pisa/PISA2018_Lesen_DEUTSCHLAND.pdf (Zugriff am 24.10.2022).

Salmerón, L./García, A./Vidal-Abarca, E. (2018a): The development of adolescents' comprehension-based Internet reading skills. Learning and Individual Differences, 61, 31–39. https://doi.org/10.1016/j.lindif.2017.11.006.

Salmerón, L./Gil, L./Bråten, I. (2018b): Effects of reading real versus print-out versions of multiple documents on students' sourcing and integrated understanding. Contemporary Educational Psychology, 52, 25–35. https://doi.org/10.1016/j.cedpsych.2017.12.002.

Salmerón, L./Llorens, A. (2019): Instruction of digital reading strategies based on eye-movements modeling examples. Journal of Educational Computing Research, 57, 343–359. https://doi.org/10.1177/0735633117751605.

Salmerón, L./Naumann, J./García, V./Fajardo, I. (2017): Scanning and deep processing of information in hypertext: an eye-tracking and cued retrospective think-aloud study. Journal of Computer Assisted Learning, 33, 222–233. https://doi.org/10.1111/jcal.12152.

Salmerón, L./Sampietro, A./Delgado, P. (2020): Using internet videos to learn about controversies: evaluation and integration of multiple and multimodal documents by primary school students. Computers & Education, 148, 103796. https://doi.org/10.1016/j.compedu.2019.103796.

Salmerón, L./Strømsø, H. I./Kammerer, Y./Stadtler, M./van den Broek, P. (2018c): Comprehension processes in digital reading. In: M. Barzillai/J. Thomson/S. Schroeder/P. van den Broek (Hrsg.): Learning to read in a digital world (S. 91–120). Amsterdam: John Benjamins.

Salmerón, L./Vargas, C./Delgado, P./Baron, N. (2022): Relation between digital tool practices in the language arts classroom and reading comprehension scores. Reading and Writing. https://doi.org/10.1007/s11145-022-10295-1.

Samuelsson, R./Price, S./Jewitt, C. (2021): How pedagogical relations in early years settings are reconfigured by interactive touchscreens. British Journal of Educational Technology, 3, 58–76. https://doi.org/10.1111/bjet.13152.

Schneider, W. (2017): Lesen und Schreiben lernen. Wie erobern Kinder die Schriftsprache? Berlin: Springer.

Schwabe, A./Lind, F./Kosch, L./Boomgaarden, H. (2022): No negative effects of reading on screen on comprehension of narrative texts compared to print: a meta-analysis. Media Psychology, 25, 779–796.

Seidenberg, M. (2017): Language at the speed of sight. New York: Basic Books.

Singer, L./Alexander, P. (2017): Reading across mediums: effects of reading digital and print texts on comprehension and calibration. Journal of Experimental Education, 85, 155–172. https://doi.org/10.1080/00220973.2016.1143794.

Singer Trakhman, L./Alexander, P./Berkowitz, L. (2019): Effects of processing time on comprehension and calibration in print and digital mediums. The Journal of Experimental Education, 27, 101–115. https://doi.org/10.1080/00220973.2017.1411877.

Singer Trakhman, L./Alexander, P./Sun, Y. (2022): The effects of processing multimodal texts in print and digitally on comprehension and calibration. The Journal of Experimental Education. https://doi.org/10.1080/00220973.2022.2092831.

Singh, A./Alexander, P. (2022): Audiobooks, print, and comprehension: what we know and what we need to know. Educational Psychology Review, 34, 677–715. https://doi.org/10.1007/s10648-021-09653-2.

Souvignier, E. (2018): Computerbasierte Lernverlaufsdiagnostik. Lernen und Lernstörungen, 7, 219–223. https://doi.org/10.1024/2235-0977/a000240.

Stadtler, M./Bromme, R. (2013): Multiple document comprehension: an approach to public understanding of science. Cognition and Instruction, 31 (2), 122–129. https://doi.org/10.1080/07370008.2013.771106.

Stadtler, M./Paul, J./Globoschütz, S./Bromme, R. (2015): Watch out! – An instructionraising students' epistemic vigilance augments their sourcing activities. In: D. Noelle/R. Dale/A. Warlaumont/J. Yoshimi/T. Matlock/C. Jennings/P. Maglio (Hrsg.): Proceedings of the Annual Conference of the Cognitive Science Society (S. 2278–2283). Austin, TX: Cognitive Science Society.

Stang Lund, E./Bråten, I./Brandmo, C./Brante, E./Strømsø, H. (2019): Direct and indirect effects of textual and individual factors on source-content integration when reading about a socio-scientific issue. Reading and Writing, 32, 335–356. https://doi.org/10.1007/s11145-018-9868-z.

Støle, H./Mangen, A./Schwippert, K. (2020): Assessing children's reading comprehension on paper and screen: a mode-effect study. Computers & Education, 151, 103861. https://doi.org/10.1016/j.compedu.2020.103861.

Sunday, O./Adesope, O./Maarhuis, P. (2021): The effects of smartphone addiction on learning: a meta-analysis. Computers in Human Behavior Reports, 4, 100114. https://doi.org/10.1016/j.chbr.2021.100114.

Sundqvist, A./Koch, F./Birberg-Thornberg, U./Barr, R./Heimann, M. (2021): Growing up in a digital world – digital media and the impact of the child's language development at two years of age. Frontiers in Psychology, 2:569920. https://doi.org/10.3389/fpsyg.2021.569920.

Swanson, E./Austin, C./Stewart, A./Scammacca, N. (2020): A meta-analysis examining the effect of e-book use on literacy outcomes for students in grades K–12. Reading & Writing Quarterly, 36 (5), 480–496. https://doi.org/10.1080/10573569.2019.1696724.

SWK (Ständige Wissenschaftliche Kommission der Kultusministerkonferenz) (2021): Stellungnahme zur Weiterentwicklung der KMK-Strategie »Bildung in der digitalen Welt«. Bonn/Berlin: SWK.

SWK (Ständige Wissenschaftliche Kommission der Kultusministerkonferenz) (2022): Digitalisierung im Bildungssystem: Handlungsempfehlungen von der Kita bis zur Hochschule. Bonn/Berlin: SWK. http://dx.doi.org/10.25656/01:25273.

Takacs, Z./Swart, E./Bus, A. (2014): Can the computer replace the adult for storybook reading? A meta-analysis on the effects of multimedia stories as compared to sharing print stories with an adult. Frontiers in Psychology, 5:1366. https://doi.org/10.3389/fpsyg.2014.01366.

Takacs, Z./Swart, E./Bus, A. (2015): Benefits and pitfalls of multimedia and interactive features in technology-enhanced storybooks: a meta-analysis. Review of Educational Research, 85 (4), 698–739. https://doi.org/10.3102/0034654314566989.

Thomson, J./Barzillai, M./van den Broek, P./Schroeder, S. (2018): Learning to read in a digital world: discussion. In: M. Barzillai/J. Thomson/S. Schroeder/ P. van den Broek (Hrsg.): Learning to read in a digital world (S. 225–238). Amsterdam: John Benjamins.

Tremblay, B./Rodrigues, M./Martin-Chang, S. (2020): From storybooks to novels: a retrospective approach linking print exposure in childhood to adolescence. Frontiers in Psychology, 11:571033. https://doi.org/10.3389/fpsyg.2020.571033.

Troseth, G./Strouse, G./Flores, I./Stuckelman, Z./Johnson, C. (2020): An enhanced ebook facilitates parent-child talk during shared reading by families of low socioeconomic status. Early Childhood Research Quarterly, 50, 45–58. https://doi.org/10.1016/j.ecresq.2019.02.009.

Turner, K./Hicks, T./Zucker, L. (2020): Connected reading: a framework for understanding how adolescents encounter, evaluate, and engage with texts in the digital age. Reading Research Quarterly, 55 (2), 291–309. https://doi.org/10.1002/rrq.271.

Twenge, J. (2020): Why increases in adolescent depression may be linked to the technological environment. Current Opinion in Psychology, 32, 89–94. https://doi.org/10.1016/j.copsyc.2019.06.036.

Twenge, J./Martin, G./Spitzberg, B. (2019): Trends in U. S. adolescents' media use, 1976–2016: the rise of digital media, the decline of TV, and the (near) demise of print. Psychology of Popular Media Culture, 8, 329–345. https://doi.org/10.1037/ppm0000203.

Ulbricht, A. (2016): Lesen ist cool! Vom Vorlesen zum Selbstlesen. Göttingen: Vandenhoeck & Ruprecht.

Uncapher, M./Wagner, A. (2018): Media multitasking, mind, and brain. Proceedings of the National Academy of Sciences, 115, 9889–9896. https://doi.org/10.1073/pnas.1611612115.

U. S. Department of Education/Institute of Education Sciences/What Works Clearinghouse (2007): Early childhood education intervention report: Dialogic Reading. https://ies.ed.gov/ncee/wwc/Docs/InterventionReports/WWC_Dialogic_Reading_020807.pdf (Zugriff am 21.11.2022).

U. S. Department of Education/Institute of Education Sciences/What Works Clearinghouse (2015): Early childhood education intervention report: Shared Book Reading. https://ies.ed.gov/ncee/wwc/Docs/InterventionReports/wwc_sharedbook_041415.pdf (Zugriff am 18.11.2022).

Valtin, R./Mascia, T. (2021): Two perspectives to fostering children's literacy: exploring the views of ELINET and M. Wolf (ELINET Paper): https://elinet.pro/blog-6-two-perspectives-to-fostering-childrens-literacy/ (Zugriff am 07.11.2022).

Van der Meer, A./van der Weel, F. (2017): Only three fingers write, but the whole brain works: a high-density EEG study showing advantages of drawing over typing for learning. Frontiers in Psychology, 8:706. https://doi.org/10.3389/fpsyg.2017.00706.

Vienažindytė, I. (2021): Virtuelle Realität: Laut Studie verbringen wir im Schnitt fast 25 Jahre unseres Lebens online. https://nordvpn.com/de/blog/studie-online-lebenszeit/ (Zugriff am 24.10.2022).

Vodafone Stiftung Deutschland (Hrsg.) (2021): Lesen im 21. Jahrhundert. Lesekompetenzen in einer digitalen Welt. Deutschlandspezifische Ergebnisse des PISA-Berichts »21st-century readers«. https://www.oecd.org/pisa/PISA2018_Lesen_DEUTSCHLAND.pdf (Zugriff am 24.10.2022).

Wampfler, P./Krommer, A. (2019): Lesen im digitalen Zeitalter. Seminar, 25 (3), 73–84.

Wanning, B. (2015): Lesestrategien für digitale Medien. Bibliotheksdienst, 49, 909–919.

Ward, A./Duke, K./Gneezy, A./Bos, M. (2017): Brain drain: the mere presence of one's own smartphone reduces available cognitive capacity. Journal of the Association for Consumer Research, 2, 140–154. https://doi.org/10.1086/691462.

Wirth, A./Ehmig, S./Heymann, L./Niklas, F. (2020): Das Vorleseverhalten von Eltern mit Kindern in den ersten drei Lebensjahren in Zusammenhang mit familiärer Lernumwelt und Sprachentwicklung. Frühe Bildung, 9, 26–32. https://doi.org/10.1026/2191-9186/a000464.

Wirth, A./Ehmig, S./Heymann, L./Niklas, F. (2021): Promising interactive functions in digital storybooks for young children. In: K. J. Rohlfing/C. Müller-Brauers (Hrsg.): International perspectives on digital media and early literacy. The impact of digital devices on learning, language acquisition and social interaction (S. 105–121). New York: Routledge.

Wolf, M. (2010): Das lesende Gehirn. Heidelberg: Spektrum.

Wolf, M. (2019): Schnelles Lesen, langsames Lesen. München: Penguin.

Wollscheid, S./Sjaastad, J./Tømte, C. (2016): The impact of digital devices vs. pen(cil) and paper on primary school students' writing skills – a research review: Computers & Education, 95, 19–35. https://doi.org/10.1016/j.compedu.2015.12.001.

Wood, S./Moxley, J./Tighe, E./Wagner, R. (2018): Does use of text-to-speech and related read-aloud tools improve reading comprehension for students with reading disabilities? A meta-analysis. Journal of Learning Disabilities, 51 (1), 73–84. https://doi.org/10.1177/0022219416688170.

Wylie, J./Thomson, J./Leppanen, P. H./Ackerman, R./Kanniainen, L./Prieler, T. (2018): Cognitive processes and digital reading. In: M. Barzilai/J. Thomson/ S. Schroeder/P. van den Broek (Hrsg.): Learning to read in a digital world (S. 57–90). Amsterdam: John Benjamins.

Xu, Y./Aubele, J./Vigil, V./Bustamante, A./Kim, Y./Warschauer, M. (2022): Dialogue with a conversational agent promotes children's story comprehension via enhanced engagement. Child Development, 93 (2), e149-e167. https://doi.org/10.1111/cdev.13708.

Zierer, K. (2021): Zwischen Dichtung und Wahrheit: Möglichkeiten und Grenzen von digitalen Medien im Bildungssystem. Pädagogische Rundschau, 75, 377–392.

Zumbach, J. (2021): Digitales Lehren und Lernen. Stuttgart: Kohlhammer.

Register

Animationen 19, 42, 44, 55, 57, 61, 62, 67, 70, 71, 73, 74, 75, 76, 79, 111, 147, 148, 159

Bildschirmlesen (Screen Reading) 19, 33, 41, 42, 57, 58, 67, 70, 75, 80, 84, 88, 89, 90, 91, 96, 117, 121, 122, 123, 124, 126, 135, 139, 149, 151

Bildschirmunterlegenheit 20, 40, 67, 89, 90, 92, 93, 94, 95, 96, 99, 103, 121, 126, 140

Bindung 51, 54, 60, 62, 147

COR 112, 132, 160

Deep Reading 17, 26, 122, 128, 135, 139, 152

Digitale Klone 41, 55, 68, 88, 90, 99, 153

ELINET 29, 63, 118, 156

Erzähltexte/narrative Texte 15, 23, 24, 25, 26, 39, 88, 89, 93, 121, 134, 135, 137, 138

Gerhard Lauer 17, 133, 135, 145, 151, 161, 162

Handschrift 84, 85, 86, 97, 115, 140, 145, 159

Hörbuch 9, 18, 20, 23, 27, 33, 38, 42, 44, 61, 78, 127, 136, 137, 138, 156, 161

Hypertexte 9, 18, 19, 23, 25, 26, 37, 39, 40, 102, 105, 106, 107, 109, 111, 113, 123, 126, 127, 128, 130, 132, 140, 145, 150, 151, 152, 160

IGLU 29, 156

Informationslesen 15, 25, 27, 29, 83, 119, 151

Informationsträger 17, 26, 38, 39, 40, 41, 63, 70

Kognitive Theorie des Multimedialen Lernens 44, 57, 73, 74, 75, 102, 107, 136

Lesestrategien 37, 87, 94, 95, 107, 119, 125, 141, 151

Maik Philipp 17, 25, 100, 101, 107, 110, 156, 159, 160

Maryanne Wolf 15, 16, 17, 35, 54, 63, 118, 146, 151, 152, 156, 157, 158, 161, 162

Metaanalyse 8, 67, 68, 90, 104, 137, 138, 155, 158

Mindset 91, 95, 119, 123, 124, 136, 139, 147, 151

Multiple Texte 18, 19, 20, 25, 26, 29, 37, 40, 41, 84, 87, 88, 97, 98, 99, 100, 102, 103, 104, 105, 106, 107, 108, 113, 118, 119, 126, 127, 128, 130, 147

Multitasking 44, 121, 127, 129, 140

Naomi Baron 13, 15, 17, 58, 63, 95, 107, 118, 121, 139, 145, 155, 156, 157, 158, 160, 161, 162

Online-Lesen 18, 19, 20, 25, 37, 40, 87, 88, 99, 101, 102, 103, 104, 105, 106, 107, 108, 109, 112, 118, 122, 123, 126, 130, 132, 136, 139, 140, 149, 150, 151, 152

PISA 13, 24, 28, 29, 30, 156

Sachtexte 20, 23, 24, 25, 38, 39, 88, 89, 93, 94, 96, 104, 113, 117, 121, 123, 124, 125, 126, 134, 135, 137, 138, 139, 151

Scaffolding 70, 73

Shallowing-Hypothese 124, 125, 127

Skimming and Scanning 17, 26, 91, 124, 128

Sourcing 101, 102, 107, 108, 109, 111, 113, 131, 160

Stiftung Lesen 52, 55, 56, 142, 158

Unterhaltungslesen 20, 27, 93, 142

Verständnisillusion 95, 124, 126

Vorlesen 19, 44, 47, 49, 50, 51, 52, 53, 54, 55, 59, 60, 61, 62, 69, 70, 76, 78, 116, 117, 147, 148, 149, 157